SECRETS DE FAMILLE,

SECRETS DE GÉNÉALOGIE

Copyright © 2022 Jean Saint-Loup
Tous droits réservés.

ISBN : 979-8-361-26983-9

Jean Saint-Loup

SECRETS DE FAMILLE,

SECRETS DE GÉNÉALOGIE

PRÉFACE

Toutes les familles possèdent leurs secrets, petits ou grands. Découvrez ceux de personnalités d'aujourd'hui et d'hier : Emmanuel Macron a un arrière-grand-père anglais ; le général de Gaulle avait des ancêtres irlandais ; Valéry Giscard d'Estaing ne descendait pas de Louis XV ; Bernadette Chirac descend de l'homme le plus riche d'Europe ; Pierre Joxe a cinq ancêtres célèbres ; Albert de Monaco descend d'un contrôleur d'omnibus de Rouen ; le général Hugo n'était peut-être pas le père de Victor Hugo ; Hervé Bazin avait plusieurs ancêtres écrivains ; Édith Piaf était d'origine kabyle ; les frères Bogdanoff avaient des origines afro-américaines ; Andréa Ferréol a pour ancêtre un prix Nobel de littérature ; le fils de Serge Gainsbourg est l'arrière-petit-neveu d'un général de l'armée allemande au service du régime nazi ; Adolf Hitler avait une famille très particulière et Charles X, dernier roi de France, avait deux petits-fils cachés.

Ce livre est une invitation à découvrir des secrets de famille et de généalogie étonnants et parfois même surprenants.

LES ORIGINES BRITANNIQUES D'EMMANUEL MACRON

Emmanuel Macron est né le 21 décembre 1977 à Amiens (Somme). Il est le fils de Jean-Michel Macron (né en 1951), médecin, et de Françoise Noguès (née en 1950), également médecin. Il a un frère, Laurent (né en 1979), radiologue, et une sœur, Estelle (née en 1982), néphrologue. En 2005, le père d'Emmanuel Macron a eu un enfant adultérin, Gabriel. Ses parents ont divorcé en 2010 et son père s'est remarié.

Côté maternel, les Noguès sont originaires des Hautes-Pyrénées, son grand-père Jean Noguès (1914-2002) est né à Florensac dans le département de l'Hérault, mais son père Fabien Noguès, fils d'un charpentier, était né à Bagnères-de-Bigorre en 1886. La grand-mère maternelle d'Emmanuel Macron, qui l'a en partie élevé, Germaine Arribet (1916-2013) était institutrice et fut directrice de collège. Elle était la fille d'Ernest Arribet (1889-1969), valet de ferme, dont le père exerçait la profession de tailleur d'habits à Mifaget (Pyrénées-Atlantiques).

Côté paternel, André Macron (1920-2010), le grand-père d'Emmanuel Macron, est né à Corbie (Somme) ; il travaillait à la SNCF où il termina sa carrière comme chef de district. Son arrière-grand-père, Henri Macron (1894-1964) était ingénieur voyer, étant en charge de l'aménagement et de l'entretien des routes, et il fut maire d'Authie (Somme), 300 habitants, de 1953 à 1964. Au-delà, les ancêtres d'Emmanuel Macron sont : Eugène Macron (1864-1925), manouvrier lors de son mariage en 1893 avec Honorine Denel ; Joseph Barthélémy Macron (1830-1883), charpentier ; Jacques Auguste Macron (1800-1876), charpentier ; Pierre Joseph Macron (né en 1764), charpentier ; Pierre Joseph Macron (né en 1730) ; Jean Macron (né en 1702), charron ;

François Macron (1663-1723), maître menuisier ; Philippe Macron (1625-1704), laboureur et François Macron (né vers 1600).

Le 20 octobre 2007, Emmanuel Macron épousait au Touquet (Pas-de-Calais) son ancien professeur de théâtre scolaire au lycée de La Providence à Amiens, Brigitte Trogneux, née en 1953, divorcée d'André-Louis Auzière (1951-2019), mère de trois enfants : Sébastien (1975), Laurence (1977) et Tiphaine (1984). Ce mariage fut l'heureuse conclusion d'une affaire qui défraya la chronique amiénoise : celle d'une relation entre un élève et son professeur commencée en 1994 et qui n'est pas sans rappeler l'affaire Gabrielle Russier, qui avait eu lieu 25 ans auparavant. Toutes deux étaient professeurs de français, toutes deux étaient mariées lorsqu'elles ont rencontré leur futur amant qui avaient tous deux 15 ans, toutes deux avaient des enfants, toutes deux étaient passionnées de théâtre et toutes deux commettaient un délit pénal en ayant une relation avec un mineur. Pour l'une, cela se termina par de la prison et un suicide et pour l'autre, par un mariage et un palais présidentiel. Un dernier point commun : le mari de Gabrielle Russier (1937-1969) s'appelait Michel Noguès, il portait le même nom que la mère d'Emmanuel Macron.

La famille Macron est une très ancienne famille picarde de la région d'Amiens. On retrouve d'ailleurs au XVIe siècle un certain Jacques Macron, comédien, chef d'une troupe de théâtre, qui par délibération de l'Hôtel-de-Ville d'Amiens du 18 juillet 1560 est autorisé, lui et ses compagnons, à jouer « L'Apocalypse et d'autres histoires et farces honnêtes et non scandaleuses[1] ». Le chef de troupe Jacques Macron, est-il le lointain ancêtre d'Emmanuel Macron ?

---

1 *Les Joueurs de farces à Amiens. Fragment d'une Histoire de Picardie.* Texte lu à la Société des Antiquaires de Picardie le 8 juillet 1860.

Un préfet du prétoire romain, contemporain de Jésus-Christ, se nommait Macron (21 avant J.-C, 38 après J.-C.). Il était l'ami de l'empereur Caligula, lequel avait d'ailleurs eu une relation adultère avec Ennia, la femme de Macron. Selon l'historien romain Tacite, Macron serait l'assassin de l'empereur Tibère. Sur ordre de Caligula, Macron se suicida avec sa femme. L'histoire de Macron le Romain inspira des auteurs et dramaturges et c'est ainsi qu'on peut lire sous la plume du critique du théâtre du *Figaro* du 4 février 1828, le résumé de la pièce *La Mort de Tibère*, écrite par Lucien Arnault (1787-1863) : « Le bruit de la fin prochaine de Tibère s'est répandu à Rome ; cet événement relève l'espoir des républicains et excite l'ambition du jeune Caïus *(Caligula),* qui attend l'empire. Macron, favori de Tibère, tout prêt, pour conserver le pouvoir, à servir le parti qui doit triompher, flatte à la fois les espérances de Caïus et ménage les intérêts des patriotes romains. »

C'est par son père qu'Emmanuel Macron a des origines britanniques. En effet, sa grand-mère Jacqueline Robertson (1922-1998) qui épousa en 1949 André Macron (1920-2010) avait un père anglais : Georges William Robertson. Né à Bristol en 1897, il était le fils de William Robertson et de Marie Ann Natt. Boucher, il s'engagea volontairement dans la *British Expeditionary Force* lors de la Première Guerre mondiale. Il combattit sur le front de la Somme et fit la connaissance de Suzanne Leblond, la fille d'un épicier d'Abbeville, née en 1895.

Ils se marient en mai 1919 :

« Le vingt mai mil neuf cent dix neuf, à neuf heures un quart du matin, devant nous Charles Maurice Albert Boujonnier, adjoint au maire d'Abbeville, officier de l'État civil par délégation, ont comparu publiquement en l'Hôtel de Ville : Georges William Robertson, boucher, né à Bristol (Angleterre) le vingt-huit décembre mil huit cent quatre-vingt-dix-sept, domicilié audit

Bristol, rue Stapelton, fils majeure légitime des feus William Robertson et Marie Anne Natt ; d'une part. Et Suzanne Julia Leblond, sans profession, née à Abbeville le cinq avril mil huit cent quatre-vingt-quinze, domiciliée et résidante à Abbeville, rue Pados 111, fille majeure légitime de Eugène Gustave Marcel Leblond, épicier et de Alice Georgina Julia Tison, sans profession, domiciliés audit Abbeville rue Pados 111, présents et consentants ; d'autre part. Les époux déclarent qu'il n'a pas été fait de contrat de mariage. Aucune opposition n'ayant été faite, les contractants ont déclaré l'un après l'autre, vouloir se prendre pour époux et nous avons prononcé au nom de la loi que Georges William Robertson et Suzanne Amélie Leblond sont unis par le mariage. Dont acte en présence de James Gernon, vingt-trois ans, débitant à Candas (Somme) ; John Pherson, trente-cinq ans, coiffeur à Liverpool (Angleterre) ; Lucien Verlyck, cinquante-trois ans, brigadier sédentaire des eaux et forêts à Abbeville boulevard de la République 124, coussin issu de germain paternel par alliance de l'épouse ; Georges Bernission, vingt huit ans, mécanicien à Abbeville faubourg du bois rue de Haut à l'heure 31, petit cousin paternel par alliance de l'épouse...» (Registre des mariages de la commune d'Abbeville, année 1919)

Le couple a trois filles : Simone (1920-2000), Jacqueline (1922-1998) et Odette (1923-2006), mais le ménage ne tient pas. Le divorce est prononcé aux torts exclusifs du mari par le tribunal de première instance de la Somme le 27 octobre 1928. L'arrière-grand-père d'Emmanuel Macron a alors quitté le domicile conjugal et vit à Ivry-sur-Seine (Val-de-Marne) 14, sentier des Bossettes.

William Robertson retourne vivre en Angleterre où il se remarie en décembre 1936 avec Élisabeth Luckin, une veuve de 48 ans. Ils tiennent ensemble une épicerie à Forest Gate, située dans l'est de Londres. William Robertson est surnommé *Pop* par ses beaux-enfants. Il meurt pauvre en 1956, laissant pour héritage à sa seconde femme 1.737 livres et 15 shillings. Il n'avait jamais dit aux enfants de sa femme qu'il avait eu trois filles en France. C'était son secret. Lorsqu'en 2017 Janet Tining, sa belle-fille, fut contactée par la presse britannique en raison du lien familial de son beau-père avec Emmanuel Macron, elle en fut stupéfaite et déclara : « Je ne savais pas que *Pop* avait des enfants en France. C'est évidemment un choc pour ma sœur Marilyn et moi d'apprendre qu'il est l'arrière-grand-père d'Emmanuel Macron… Il ne nous a jamais parlé de la guerre. Nous ne savions rien de l'endroit où il combattait, bien que nous ayons conservé une médaille avec les dates 1914 à 1916 qui a été remise à tous les soldats par le gouvernement français. Une de ses chansons préférées, dont je me souviens qu'il chantait, était *Roses de Picardie*, que les soldats chantaient dans les tranchées.[2] »

William Robertson est enterré au cimetière de West Ham.

---

[2] *Bristol Live,* « Le président français Emmanuel Macron est l'arrière-petit-fils d'un héros de la guerre de Bristol. Une enquête a révélé la relation improbable du président français avec un soldat qui avait trois enfants secrets. » Article en date du 14 juillet 2017.

DE WILLIAM ROBERTSON À EMMANUEL MACRON :

Georges William Robertson

Né le 28 décembre 1887 à Bristol (Angleterre)

Marié le 20 mai 1919 à Abbeville (Somme) avec Suzanne Leblond

Divorcé le 27 octobre 1928

Décédé en 1956 à Londres (Angleterre) à l'âge de 68 ans.

Jacqueline Robertson

Née le 14 juin 1922 à Amiens (Somme)

Mariée le 1er août 1949 à Amiens (Somme) avec André Macron

Décédée le 17 octobre 1998 à Amiens (Somme) à l'âge de 76 ans

Jean-Michel Macron

Né en 1951 à Amiens (Somme)

Marié avec Françoise Noguès

Divorcé en 2010

Remarié avec Hélène Joly

Emmanuel Macron

Né le 21 décembre 1977 à Amiens (Somme)

Marié le 20 octobre 2007 à Le Touquet-Paris-Plage (Pas-de-Calais) avec Brigitte Trogneux

LES ORIGINES IRLANDAISES DU GÉNÉRAL DE GAULLE

Un jour, un Américain dit au général de Gaulle qu'il connaissait bien la France car il y avait vécu 20 ans, « Moi, j'y vis depuis mille ans! » lui répondit le général. Ce qui était en quelque sorte vrai, car ses ancêtres sont présents en France depuis des temps immémoriaux. On sait grâce aux recherches faites dans les registres paroissiaux que le général de Gaulle descend de Nicolas de Gaulle, un laboureur né en 1578 à Vauvillers (Haute-Saône). Son fils Philippe de Gaulle affirme être remonté à un certain Richard de Gaule qui reçut de Philippe-Auguste, en 1212, un fief en Normandie, à Elbeuf-en-Bray et dont un des descendants, Jehan de Gaule, gouverneur d'Orléans, aurait participé à la bataille d'Azincourt en 1415[3]. Mais l'amiral de Gaulle se trompe, le gouverneur d'Orléans qui participa à la célèbre bataille s'appelait Pierre de Mornay, seigneur de Gaulnes ou de Gaule, d'où la confusion, et n'est pas le lointain ancêtre – il serait mort en 1423 sans descendance – de sa famille.

Lorsque le 17 juin 1940, le général de Gaulle arriva à Londres pour y prononcer le lendemain son célèbre appel et organiser la résistance française à l'occupant allemand, savait-il que son arrière-grand-mère Marie Angélique Mac Cartan y était née en 1798 ? Savait-il que par ses ancêtres Mac Cartan, il descendait d'une dynastie de vaillants militaires ? Oui, car chez les de

---

[3] Christine Clerc *Les de Gaulle, une famille française*, Nil Éditions, 2000.

Gaulle, on s'intéressait à la généalogie et à l'histoire de ses ancêtres.

Il existe d'ailleurs une tradition : toutes les femmes nées de Gaulle reçoivent un long tableau généalogique où figurent en médaillons les portraits des ancêtres de Jeanne Maillot (1860-1940), mère du général de Gaulle, sur lequel on y découvre les visages du couple Delannoy-Mac Cartan[4].

C'est donc par sa mère que Charles de Gaulle descend des Mac Cartan, dont le nom fut francisé en Macartan.

En février 1829, Henri Delannoy, jeune avocat de 22 ans à l'avenir prometteur, il deviendra bâtonnier, épousa à Lille, Marie Angélique Macartan (1798-1852), de huit ans son aînée.

Voici la transcription de son acte de mariage :

« L'an mil huit cent vingt-neuf, le vingt-trois février, à onze heures du midi, par-devant nous Jean Baptiste Joseph comte de Muyssart. Maire de Lille, faisant les fonctions d'officier de l'état civil, sont comparus Monsieur Henri Louis Alphonse Joseph Marie Delannoy, avocat, né le seize juin mil huit cent six, ainsi qu'il est constaté par son acte de naissance extrait des registres de l'état civil de Lille, demeurant rue Saint-Martin avec sa mère, fils mineur et légitime de feu Monsieur Louis Henri Joseph Delannoy, décédé en cette ville, et de dame Marie Thérèse Amélie Joseph Dehez, propriétaire, ici présente et consentante ; d'une part.

Et demoiselle Marie Angélique Macartan, née le sept juin mil sept cent quatre dix huit, ainsi qu'il est constaté par son acte de naissance extrait des registres de l'état civil de Londres, royaume d'Angleterre, demeurant rue du gros Gérard, avec son père et sa

---

4 Ce tableau généalogique est reproduit dans le livre de Christine Clerc *Les de Gaulle, une famille française*, Nil Éditions, 2000.

mère, à Lille depuis plusieurs années, fille majeure et légitime de Monsieur Andronic Xavier Isidore Macartan, médecin et de Dame Françoise Anne Fleming, tout deux ici présents et consentants ; d'autre part. Lesquels nous ont requis de procéder à la célébration de leur mariage dont les publications ont été faites le sept de ce mois et jour de dimanche suivant, le tout sans opposition, après avoir donné lecture de toutes les pièces ci-dessus mentionnées et du chapitre six du titre du mariage et chacun d'eux nous ayant déclaré se prendre pour mari et femme, avons prononcé au nom de la loi que Monsieur Henri Louis Alphonse Joseph Marie Delannoy et Demoiselle Marie Angélique Macartan étaient unis en mariage, en présence de Monsieur Claude François Marguerite Artaud, âgé de soixante dix ans, bâtonnier des avocats et juge suppléants près le tribunal civil de Lille, y domicilié, Louis Joseph Cottigines, âgé de soixante et un ans, chevalier des ordres royaux et militaires de Saint Louis et de la Légion d'honneur, rentier, domicilié à Haubourdin, Louis François Henri Joseph Boca, âgé de cinquante deux ans, bâtonnier des avocats et juge suppléant près le tribunal civil de Valenciennes, y domicilié, et d'Eugène François Joseph Viart, âgé de soixante trois ans, négociant à Armentières, cousin de l'épouse, et les trois premiers amis. » (Registre des mariages de la commune de Lille, année 1829, cote 5 Mi 044 R 211)

Le père de la mariée, Andronic Mac Cartan (1764-1842), fils de médecin, était né à Valenciennes. Son père Antoine Joseph Mac Cartan (1716-1787), s'était marié avec une Valenciennoise Anne Piette (1732-1812).

Les Mac Cartan étaient Irlandais, ce n'est donc pas un hasard si le général de Gaulle, après sa démission de la présidence de la République en avril 1969, a choisi d'aller visiter ce pays. Lors de son entrevue avec le premier ministre irlandais, Jack Lynch, il déclara : « Dans les circonstances importantes de ma vie, comme actuellement, c'est une sorte d'instinct qui m'a porté vers l'Irlande, peut-être à cause du sang irlandais qui coule dans mes veines – on retourne toujours à ses sources – et puis parce qu'il s'agit de l'Irlande, qui tient depuis toujours et aujourd'hui autant que jamais dans le cœur des Français une place exceptionnelle. » Le général de Gaulle y rencontra également des membres du clan Mc Cartan, ses cousins.

La présence de Mac Cartan en France remonte au XVIIe siècle et au conflit qui opposa Jacques Stuart, roi d'Angleterre et d'Irlande sous le nom de Jacques II à son gendre Guillaume III d'Orange. Le roi était catholique, pro-français et avait des ambitions absolutistes, ce qui déplaisait fortement au haut clergé protestant et aux nobles, lesquels demandèrent à Guillaume d'Orange de le renverser, ce qu'il fit en 1688. Il devint roi d'Angleterre, d'Écosse et d'Irlande en 1689 après que Jacques II ait fui en France. Ce dernier tenta de reconquérir son trône et débarqua en Irlande, mais son armée, aidée de six régiments français, fut vaincue en 1690, provoquant un exil vers la France de ses partisans appelés Jacobites. John Mac Cartan (1660-1736), ancêtre du général de Gaulle, ne choisit pas l'exil et continua la lutte contre les Anglais dans les régiments irlandais, notamment durant la guerre de Succession d'Espagne.

Anthony Mac Cartan (1690-1753), son fils, entra au collège des Irlandais à Tournai (la ville était alors française), puis s'engagea en 1706 comme cadet dans un régiment irlandais de l'armée française. En 1716, il a un fils, Antoine, avec une jeune Valenciennoise, Catherine Hayez. Les parents du nouveau-né ne sont pas mariés, ainsi que le révèle son acte de baptême. Anthony Mac Cartan se mariera en 1736 à Lille avec une jeune noble irlandaise de vingt-et-un ans sa cadette, Suzanne de Cologon (1711-1748), avec laquelle il aura six enfants. Il assura toutefois l'éducation de son enfant naturel qui devint médecin. Il était présent à la bataille de Fontenoy (1745) pour y soigner les blessés. Son fils Andronic Mac Cartan (1764-1842) devint, comme son père, médecin. Il présenta sa thèse de médecine en 1789, puis, pour échapper aux dangers de la Révolution française, décide en 1792 d'émigrer et choisit…Londres ! Il y fait notamment la connaissance du célèbre Jenner, inventeur du vaccin contre la variole. Il épousa à l'église Saint Patrick Frances-Ann Fleming, d'origine écossaise, fille de Mathias Fleming et de Marie Clarke. Ses trois premiers enfants, dont Marie Angélique, arrière-grand-mère de Charles de Gaulle, naissent dans la capitale anglaise. Une fois la Révolution française terminée, les époux Mac Cartan-Fleming partent vivre à Valenciennes où naquit en 1812 leur quatrième enfant. Pour que leur union soit reconnue en France et leurs enfants considérés comme légitimes, ils se marient civilement à Valenciennes le 22 novembre 1813.

Andronic Mac Cartan avait acquis une certaine notoriété. On peut lire en première page du *Moniteur universel* du 30 janvier 1842 l'annonce de sa mort : « M. Andronic-Isidore-Xavier Maccartan, né à Valenciennes d'une honorable famille, ancien médecin des armées, et médecin des hospices à Lille, est mort en cette dernière ville le 18 janvier 1842, à l'âge de soixante-dix-huit ans. M. Maccartan est auteur d'un ouvrage de médecine, composé en anglais et imprimé à Londres, pendant l'émigration de l'auteur. »

C'est donc sa fille Marie Angélique Maccartan, née à Londres en 1798, qui épousa à Lille le jeune avocat Henri Delannoy ; ce sont les grands-parents de la mère du Général de Gaulle.

Charles de Gaulle avait également un ancêtre militaire par sa mère : Ludwig Philip Kolb (1761-1842), fils de chirurgien, de religion protestante, originaire du pays de Bade, il devint garde suisse. Après la dissolution de son régiment, il devint régisseur de manufacture de tabac et épousa, en 1790, une certaine Marie Constance… Nicot !

DE JOHN MAC CARTAN À CHARLES DE GAULLE :

John Mac Cartan

Né vers 1660 à Bally-Dromrove (Irlande)

Marié avec Bridget Forde

Décédé le 26 septembre 1736 à Longhinisland (Irlande)

Anthony Mac Cartan

Né vers 1686 à Bally-Dromrove (Irlande)

Relation avec Marie Catherine Hayez

Décédé le 6 mai 1753 à Montreuil-sur-Mer (Pas-de-Calais)

Antoine Mac Cartan

Né le 23 mars 1716 à Valenciennes (Nord)

Marié le 8 janvier 1753 à Valenciennes (Nord) avec Anne Piette

Décédé le 6 septembre 1787 à Valenciennes (Nord) à l'âge de 71 ans

Andronic Mac Cartan

Né le 21 septembre 1764 à Valenciennes (Nord)

Marié le 22 novembre 1813 à Valenciennes (Nord) avec Françoise Anne Fleming

Décédé à le 18 janvier 1842 à Lille (Nord) à l'âge de 78 ans

Marie Angélique Mac Cartan

Née le 7 juin 1798 à Londres (Angleterre)

Mariée le 23 mars 1829 à Lille (Nord) avec Henri Delannoy

Décédée le 28 février 1852 à Lille (Nord) à l'âge de 53 ans

Julia Delannoy

Née le 26 février 1835 à Lille (Nord)

Mariée le 12 avril 1858 à Lille (Nord) avec Jules Maillot

Décédée le 18 juin 1912 à Lille (Nord) à l'âge de 77 ans

Jeanne Maillot

Née le 28 avril 1860 à Lille (Nord)

Mariée le 31 juillet 1886 à Lille (Nord) avec Henri de Gaulle

Décédée le 16 juillet 1940 à Paimpont (Ille-et-Vilaine) à l'âge de 80 ans

Charles de Gaulle

Né le 22 novembre 1890 à Lille (Nord)

Marié le 6 avril 1921 à Calais (Pas-de-Calais) avec Yvonne Vendroux

Décédé le 9 novembre 1970 à Colombey-les-Deux-Églises (Haute-Marne) à l'âge de 79 ans.

VALERY GISCARD D'ESTAING DESCENDAIT-T-IL DE LOUIS XV ?

    Valéry René Georges Giscard d'Estaing est né le 2 février 1926 à Coblence en Allemagne où son père était directeur financier du Haut-Commissariat en Rhénanie, une région allemande alors occupée par la France dans le cadre du traité de Versailles signé après la Première Guerre mondiale. Une région que les troupes françaises d'occupation évacueront en 1930, mais que le petit Valéry, prénommé ainsi en hommage à son grand-père paternel, avait quitté avec ses parents dès juillet 1926, son père ayant été rappelé en France.

    Les Giscard sont d'origine auvergnate. On remonte au plus loin à François Giscard, né vers 1605, qui exerçait la profession de marchand à Marvejols, dans le Gévaudan. Les Giscard étaient calvinistes et revinrent à la religion catholique par l'abjuration de Barthélémy Giscard, sieur de Monplaisir, au début du XVIIe siècle. Valéry Giscard d'Estaing a aussi des origines italiennes : il descend de Guillaume Ansaldi, né à Florence en 1817, mort à Clermont-Ferrand en 1881.

    L'histoire est connue : jusqu'au début du XXe siècle sa famille s'appelait simplement Giscard. Peut-être par désir de se distinguer des autres Giscard, ou souhait de se donner une apparence de noblesse, les Giscard voulurent profiter des dispositions de la loi du 11 Germinal an XI (1er avril 1803) qui permettent de changer ou de modifier son nom de famille si on y a un « intérêt légitime ».

Voulant bénéficier de cette loi, le grand-père de Valéry Giscard d'Estaing a demandé à s'appeler Giscard de la Tour-Fondue, du nom de sa grand-mère Élisabeth Gilberte Cousin de La Tour-Fondue (1790-1858), épouse de Martial Giscard (1796-1865). Il avait d'ailleurs pris l'habitude, comme son père, de se faire connaître et appeler sous le nom de Giscard de la Tour-Fondue[5], sans attendre le décret qui devait, espérait-il, entériner cet usage. Son père, Théodore Giscard (1824-1895), figurait même indûment dans le dictionnaire de la noblesse sous le nom de Giscard de la Tour-Fondue, juge de paix à Massiac (Cantal)[6].

Il entreprit donc les démarches nécessaires auprès du Conseil d'État et une annonce fut publiée dans le Journal officiel mentionnant son intention de modifier son patronyme. Mais le vicomte Jean Cousin de la Tour Fondue, dernier porteur de ce nom, s'opposa à l'accaparement de son patronyme. Valéry Giscard mourut en 1916 sans avoir pu réaliser son projet de changement patronymique. Si sa démarche avait abouti, un président de la République française se serait donc appelé Giscard de la Tour-Fondue.

Le projet de modification de patronyme, véritable obsession familiale, ne fut pas pour autant abandonné, ses fils René et Edmond prirent le relais. Entre-temps, Jean de la Tour-Fondue était mort pour la France à Marœuil (Pas-de-Calais) en 1915, mais il avait eu une fille en 1912, le patronyme subsistait. Les Giscard devaient donc renoncer à porter ce patronyme. René Giscard chercha un autre nom et pensa à Lucie-Madeleine

---

5 Depuis 1922, il y a une rue Giscard de la Tour-Fondue à Clermont-Ferrand, rappelant le souvenir de Valéry Giscard (1862-1916) dit Giscard de la Tour-Fondue, avocat à Clermont-Ferrand, puis conseiller à la Cour d'appel de Riom.

6 *État présent de la noblesse française*, librairie Bachelin-Deflorenne, 1866.

d'Estaing (1769-1844), la mère d'Élisabeth Gilberte Cousin de La Tour-Fondue. Par chance, la famille d'Estaing, connue grâce à l'amiral d'Estaing (1729-1794), était éteinte. C'est ainsi que par deux décrets du Conseil d'État, le premier en date du 17 juin 1922 et le second en date du 16 janvier 1923, René et Edmond Giscard furent autorisés à s'appeler Giscard d'Estaing. Mais en 1925, les consorts de Levezin de Vesins, apparentés à l'amiral d'Estaing, demandèrent l'annulation des deux décrets. Le Conseil d'État rejeta leur demande « en raison de ce que les familles Giscard prétendent au nom de d'Estaing parce que c'est celui de leurs ancêtres et non parce que c'est un nom noble » et parce que les consorts de Levezin de Vesins ne subissaient aucun préjudice[7].

Cette modification patronymique entraîna des moqueries et des résistances. Les personnes qui les avaient connus sous le seul nom de Giscard, continuèrent parfois à les appeler ainsi. Il fallut aux Giscard d'Estaing plusieurs décennies pour faire accepter leur particule. Les familles aristocratiques qui fréquentaient la famille Giscard d'Estaing montraient à leur façon qu'elles n'étaient pas dupes et les sarcasmes ne manquaient pas. Né quatre ans après cette adjonction pseudo-nobiliaire, Valéry Giscard d'Estaing, victime aussi de railleries, résuma ainsi la situation de sa famille : « Nous étions dans un milieu social pas tellement facile, à la frontière de la bourgeoisie et de l'aristocratie. Un milieu où il y avait beaucoup de susceptibilités, d'envies, car nous avions des deux côtés des origines aristocratiques[8] et en même temps bourgeoises, cela créait des tensions, des frustrations, des problèmes de positionnement.[9] » Lorsque Valéry Giscard d'Estaing, alors jeune ministre des Finances, proposa au

---

7 *Le Petit Bleu de Paris*, 11 juillet 1925, p.2.

8 Valéry Giscard d'Estaing avait indubitablement des ancêtres aristocrates par sa mère : les Bachasson de Montalivet, anoblis en 1771.

Général de Gaulle de lancer un emprunt national portant son nom, comme il y avait eu l'emprunt Pinay en 1952, ce dernier aurait eu cette réflexion : « Giscard d'Estaing, c'est un joli nom d'emprunt. »

Une fois élu président de la République en mai 1974, Valéry Giscard d'Estaing prit sa revanche sur les vrais aristocrates, dont sa famille et lui-même avaient eu à souffrir des moqueries, en interdisant dans les cérémonies officielles que les titres de noblesse soient mentionnés. Monsieur le baron, Monsieur le marquis ou Monsieur le comte, n'étant dorénavant plus appelés que Monsieur X…, ce qui fera dire à Alexandre Sanguinetti, ministre des Anciens Combattants sous la présidence du général de Gaulle, qu'il s'agissait d'une « vengeance de faux aristocrate.[10] »

C'est par sa mère que Valéry Giscard d'Estaing pensait descendre de Louis XV : son arrière-grand-mère, Marthe Bachasson de Montalivet (1844-1914) avait pour grand-mère Adélaïde de Saint-Germain, née à Versailles en 1769, qui aurait été une fille naturelle du roi.

Valéry Giscard d'Estaing était si convaincu de son ascendance royale qu'une fois devenu président de la République, il fit placer au Conseil des ministres devant lui un sous-main de cuir vert gravé du lys royal[11] et il avait fait mettre dans l'escalier de son hôtel particulier parisien un portrait de Louis XV jeune, à cheval[12].

---

9 Georges Valance, *VGE, une vie,* Flammarion 2011.

10 Témoignage rapporté par Catherine Nay dans *Souvenirs, souvenirs…*, Robert Laffont, 2019, p.181.

11 Catherine Nay, *Souvenirs, souvenirs…*, Robert Laffont, 2019, p.181.

En 1976, recevant le comte de Paris, prétendant au trône de France, il lui dit à la fin de leur entretien : « Vous savez sans doute, Monseigneur, que nous sommes cousins. » Le comte de Paris le regarda stupéfait et lui répondit : « Cousins ? Je ne vois pas comment ce serait possible. », ce qui le vexa terriblement.[13]

Remontons le temps pour tenter de percer le mystère. Les parents d'Adélaïde de Saint-Germain, dont le supposé père serait Louis XV, se sont mariés à Nogent-sur-Marne le 11 mars 1768 :

« L'an mil sept cent soixante huit et le onze mars, après la publication d'un ban dans la paroisse de St Jean de la ville de Valence en Deauphiné, faite sans opposition le sept février, délivré ledit jour par Mre Malet curé de la dite paroisse dûment légalisé par Mr Legrand vicaire qui a donné un certificat de ladite publication le même jour signé Lacrelle vicaire général, plus bas Mésangère, dûment insinué et contrôlé le même jour par Mottet qui a signé la dispense de la publication de deux autres bans, l'extrait baptistaire de l'époux étant en nos mains signé Ceynier prêtre commis, délivré par Messire Malet le six février présente année qui l'a collationné, dûment légalisé par Mr le vicaire général de Mgr l'évêque de Valence le sept de ce même mois de février dernier signé par lui plus bas Mésangère, comme la procuration passée au nom de la mère de l'époux à Messire Louis François Pialat prêtre vicaire de cette paroisse soussigné, par Grenier, notaire, le six de février dernier, dûment légalisée le même jour par Me de la Lombardière, conseiller du Roy en la sénéchaussée et siège présidial de Valence en l'absence de Mr le lieutenant général, signé par ledit la Lombardière et plus bas, cote contrôlé le même jour par Mottet, la publication d'un ban

---

12 Roger Peyrefitte, *L'Innomitato, nouveaux propos secrets*, Albin Michel, 1989.

13 Roger Peyrefitte, *op.cit.*

ayant été faite aussi sans opposition dans la paroisse de Notre Dame de Versailles le vingt un février dernier comme il appert par le certificat de Mre Collignon prêtre de la mission préposé pour le mariage, délivré le quatre de ce mois, au dos duquel il donne pouvoir à tout curé de ce diocèse ou autre, prêtre commis par lui de bénir ledit mariage, délivré à Versailles le quatre dudit mois, aussi signé Collignon, munis des extraits de baptême de l'épouse et mortuaire de son père, tous deux délivrés le quatre mars présent mois, signé Vautier, de même que les actes qui tiennent lieu de consentement de la dame Barbe Benard, sa mère, en date des quatre, cinq et sept du présent mois, dont la minute est restée en main de Maître Ducro, notaire à Versailles, scellé et délivré le huit dudit et finalement la dispense de deux autres bans dans la paroisse de Notre Dame de Versailles comme du temps prohibé et la permission de fiancer les parties, les marier le même jour, délivré le trois du présent signé christo. Archie parisienssu et plus bas de la Touche, insinué le même jour par Chauveau greffier n'ayant découvert aucun empêchement canonique ni civil et le témoin soussigné nous ayant assuré de la liberté des parties et de leur domicile ont été fiancé et le même jour ont reçu de nous prêtre curé de cette paroisse soussigné la bénédiction nuptiale et ont été mariés Messire Joseph de St Germain, avocat au parlement de Deauphiné, docteur agrégé, ancien recteur de l'université de Valence, receveur des Gabelles de la même ville, fils majeur de Mre Louis, seigneur de Villeplat, conseiller du Roy, receveur des tailles, des décimes et autres impositions de l'élection de Valence en Deauphiné où il réside et de Madame Élisabeth Foriel, ses père et mère, d'une part et demoiselle Catherine Eleonore Benard, femme de chambre de Madame Adélaïde de France[14], fille majeure de défunt Mr Pierre[15], vivant

---

14 Marie Adélaïde de France (1732-1800), fille de Louis XV.

15 Curieusement l'acte ne mentionne pas le nom du père de la mariée. Il s'agit bien de Benard, ainsi que l'atteste son acte de mariage à Versailles le 14 septembre 1722 avec sa cousine Barbe Benard.

écuyer de la bouche du Roy et de Madame Barbe Bénard, demeurant à Versailles à la grande écurie du Roy, ses père et mère d'autre part, ont été présents du côté de l'époux son susdit père qui l'a autorisé au présent mariage et Mre Louis François Pialat comme procureur fondé de la dame sa mère qui aussi l'a autorisé, tous les deux soussignés avec nous, et ont assisté comme témoin du côté de l'époux Monsieur Jean Germain Maubert de Neuilly, directeur des fermes du Roy, demeurant à Paris, rue Coquillière, paroisse Saint Eustache et Jean Baptiste Coeffier, et du côté de l'épouse Mre Jacques Raux-Rauland notaire au bailliage royale de Versailles y demeurant rue Deauphine paroisse Notre Dame et Pierre Joseph Fourcroy, tous soussignés avec nous ainsi que l'époux. (Registre des baptêmes, mariages et sépultures de Nogent-sur-Marne, 1760-1769, cote 1 MI 287)

On pourrait s'étonner que le mariage n'ait pas été célébré à Versailles, paroisse de l'épouse. Serait-ce pour des raisons de discrétion ? Y avait-il quelque chose à cacher ? Non. Tout simplement, le prêtre qui officiait à Nogent était le frère du marié, la signature *de Saint Germain* figure sur tous les actes du registre. Quand il y avait un prêtre dans la famille, il était d'usage de lui demander de procéder au baptême ou au mariage d'un membre de la famille ; dans ce cas, soit celui-ci venait dans la paroisse de résidence et administrait le baptême ou célébrait le mariage après avoir reçu la permission du curé titulaire, soit la famille se déplaçait dans la paroisse où il officiait.

Il ne faut pas être trompé par l'appellation *femme de chambre* de la mariée, ce n'est pas ici la femme chargée de faire le lit et le ménage de la fille du roi, une domestique que ce dernier aurait pu un jour trousser. Non, cela correspondait à un rôle officiel d'accompagnatrice.

Quant à la dispense de deux bans qui pourrait faire croire à un mariage précipité du fait que l'épouse est enceinte, elle pourrait s'expliquer, plus simplement, par le temps perdu à cause de l'opposition au mariage de la mère de l'épouse, si bien que Catherine Eleonore Benard dut faire faire trois sommations respectueuses auprès de sa mère ; c'est pourquoi l'acte de mariage indique « les actes qui tiennent lieu de consentement de la dame Barbe Benard, sa mère, en date des quatre, cinq et sept du présent mois, dont la minute est restée en main de Maître Ducro, notaire à Versailles ». Après trois sommations respectueuses, le consentement du parent qui s'opposait au mariage était considéré comme juridiquement acquis, alors qu'il ne l'était pas de fait.

La date de naissance de leur fille Louise Françoise Adélaïde de Saint-Germain est primordiale, si l'enfant est né moins de neuf mois après le mariage, cela pourrait accréditer la thèse d'une union précipitée, parce que la future épouse est enceinte, peut-être du roi.

Découvrons son acte de baptême dans les registres paroissiaux de Saint-Louis de Versailles :

« L'an mil sept cent soixante neuf et le seize février, a été baptisé du consentement de M. le curé de cette paroisse par nous soussigné prêtre curé de la paroisse Saint-Saturnin de Nogent-sur-Marne de ce diocèse : Louise Françoise Adélaïde, née du treize dudit mois, fille de M. Joseph de Saint-Germain, seigneur de Villeplat, agrégé de l'université de Valence, et de Catherine Eléonore Bénard sa femme, le parein M. Louis de Saint-Germain, conseiller du Roy, receveur des impositions de l'élection de Valence, grand-père de l'enfant. La mareine très haute et très puissante dame Françoise Châlus comtesse de Narbonne, dame d'atour de Madame Adélaïde de France, tous soussignés avec nous et avec le père présent. » (Registre des baptêmes de la paroisse Saint-Louis de Versailles, année 1769, cote 1112626)

Leur fille est donc née onze mois après leur mariage. Rien de plus normal. C'est un cas très classique où des époux ont un enfant un peu plus de neuf mois après leur mariage, ce qui ne plaide pas en faveur d'une paternité royale.

Malheureusement, Catherine Benard mourut des suites de ses couches le 22 février 1769 à Versailles.

Receveur des gabelles à Valence (Drôme) lors de son mariage, Joseph de Saint-Germain devint inspecteur général des postes en 1770, receveur général des fermes en 1783 et fermier général en 1786. Il vivait à Valence avec sa fille unique quand un jeune officier en garnison s'éprit de cette dernière et envisagea de demander sa main, mais son père, très riche, lui fit savoir qu'il envisageait un bien meilleur parti pour sa fille, et c'est ainsi que la possible « fille de Louis XV » n'épousa pas le futur empereur Napoléon !

Cette paternité supposée de Louis XV, connu pour ses nombreuses maîtresses, célèbres ou anonymes, ne repose sur aucune preuve tangible. Ce n'est d'ailleurs qu'en 1830 que pour la première fois celle-ci fut évoquée dans les *Mémoires d'une femme de qualité sur le Consulat et l'Empire* : « Mademoiselle de Saint-Germain qui, elle aussi, était née, si on en croit une glorieuse médisance, au milieu des splendeurs de Versailles. » Or, il s'avère que cette dame de qualité qui raconte ses souvenirs est en réalité un certain Étienne-Léon de Lamothe-Langon (1786-1864), connu comme romancier, faussaire, auteur de mystifications historiques et de plusieurs Mémoires apocryphes !

Lorsque le 13 janvier 1762, un fils illégitime de Louis XV, baptisé sous le nom de Louis-Aimé de Bourbon naquît, beaucoup de personnes à la Cour, mais aussi à Paris, connaissaient la liaison du roi avec Mademoiselle de Romans. Ainsi, en décembre 17761, le diariste parisien Edmond Jean François Barbier (1689-1771) écrit dans son journal à propos cette maîtresse royale :

« La demoiselle… n'a pas voulu aller loger au Parc-aux-cerfs, où il y avait eu des filles de basse condition et elle a fait son marché d'une autre façon. La première connaissance s'est faite dans les jardins de Marly. Le Roi lui a loué une maison à Auteuil, d'où elle se rend à Versailles dans un carrosse à six chevaux qu'on lui envoie. » Alors que pour Catherine Benard, il n'existe aucun témoignage direct de personnes ayant vécu à la Cour signalant cette liaison. Pourtant, dès que le roi avait une nouvelle maîtresse, toute la cour était au courant et nombreux étaient les courtisans à tenir leur journal. Ils n'ont jamais mentionné l'existence de Catherine Benard comme maîtresse de Louis XV.

En septembre 1885, le journaliste Adolphe de Coston écrivait dans le supplément du *Journal de Montélimar* : « J'ai entendu dire à Valence, par plusieurs personnes, il y a une cinquantaine d'années, qu'on prétendait, à tort ou à raison, dans le siècle dernier, que Mlle Starot de Saint-Germain, morte en 1850, était la fille de Louis XV et, sous Louis-Philippe, les journaux ont souvent fait allusion à l'origine royale du Comte de Montalivet. Cette circonstance expliquait, disait-on, la fortune à laquelle était arrivé Saint-Germain, qualifié seulement de docteur agrégé de l'université de Valence dans l'acte de baptême de sa fille. » Certes, Joseph de Saint-Germain n'est qualifié que d'agrégé de l'université de Valence dans l'acte de baptême de sa fille, ce qui n'est déjà pas rien, mais dans son acte de mariage, ci-dessus transcrit, on a pu voir qu'il est aussi avocat au parlement du Dauphiné, ancien recteur de l'université de Valence et receveur des gabelles. Sa fortune venait de sa profession de fermier général qui sous l'Ancien régime était un moyen de s'enrichir rapidement. Il le payera d'ailleurs de sa vie, il fut guillotiné en 1794 du seul fait qu'il était fermier général.

Concernant cette supposée filiation royale, les généalogistes Joseph Valynseele et Christophe Brun[16] menèrent l'enquête et, en 1992, en vinrent à la conclusion suivante :

« Était-elle la fille de Louis XV et de Catherine Bénard ? Il semble que non. Elle naquit onze mois après le mariage de ses parents. Si le Roi avait été pour quelque chose dans le mariage de Catherine Bénard, ce ne fut donc ni parce qu'elle était enceinte, ni parce qu'elle avait accouché. »

Antérieurement, l'essayiste Emmanuel Beau de Loménie (1896-1974) avait également fait des recherches et avait conclu que cette supposée filiation entre Louis XV et Valéry Giscard d'Estaing était une « aimable plaisanterie »[17].

En réalité, Louis XV, tout comme son arrière-grand-père Louis XIV, s'intéressait à ses enfants bâtards et veillait sur eux, faisant le nécessaire pour leur assurer éducation, noblesse et fortune. Ainsi, pour sa fille Agathe Louise de Saint-Antoine, née en 1754, il lui reconnut par lettres patentes datées à Versailles du 26 novembre 1773 le titre et la qualité de noble « acquis par elle par le droit de sa naissance que nous connaissons parfaitement sans qu'elle soit tenue d'en rapporter la preuve », ajoutant qu'elle était « issue de la plus ancienne noblesse de notre royaume. » Le 29 décembre 1773, munie de ce titre de noblesse, elle épousait le marquis de la Tour du Pin de la Charce. Louis XV en fit de même pour les deux filles qu'il eut avec Marguerite Haynaut : elles reçurent leurs lettres de noblesse en août 1774.

En 1958, on découvrit dans les minutes d'un notaire parisien un acte datant de 1772 par lequel Louis XV assure l'avenir de ses

---

16 *Les bâtards de Louis XV et leur descendance*, de Joseph Valynseele et Christophe Brun, éditions Perrin, 1992.

17 Roger Peyrefitte, *op.cit.*

cinq enfants illégitimes[18]. Or, à cette date, Adélaïde de Saint-Germain était née, elle ne figure pourtant pas comme bénéficiaire dans l'acte. Ne pouvant évidemment pas comparaître à l'acte, le roi eut recours à un mandataire. Le 30 mars 1772, Jean Michel Delage, notaire honoraire au Châtelet, comparut devant Maître Arnoult, à l'effet d'assurer l'avenir de cinq enfants. Il déclara qu'une somme de 565.000 livres lui a été remise « par une personne qui n'a désiré être connue ». Aux termes de cet acte, cinq enfants reçurent 113.000 livres chacun, avec constitution d'une rente viagère de 13.300 livres. Des sommes très importantes qui leur assuraient un avenir, il s'agit d'Agnès-Louise de Montreuil (née en 1760), Agnès-Lucie Auguste (née en 1761), Anne-Louise de la Réale (née en 1762), Afroiditte Lucie Auguste (née en 1763) et Benoît-Louis Le Duc (née en 1764).

Nous transcrivons ici la première page de cet acte :

« Aujourd'hui a comparu par devant les Conseillers du Roy, secrétaires au Châtelet de Paris, soussigné, Me Jean Michel Delage, aussi conseiller du Roy, notaire honoraire audit Châtelet, demeurant à Paris, rue de Vendôme, paroisse Saint Nicolas des Champs.

Qu'il a déclaré qu'il lui a été remis par une personne qui n'a désiré être nommée, la somme de cinq cent soixante cinq mille livres pour en faire le dépôt à Me Arnoult le jeune l'un des notaires soussignés, auquel il a à l'instant déposé ladite somme de cinq cent soixante cinq mille livres à l'effet de l'employer conformément aux volontés de l'inconnu et aux charges et conditions ci-après expliquées.

---

18 Historia n°146, janvier 1959, Jacques Descheemaeker : « Un document inconnu, le « testament » secret de Louis XV ».

Que lesdits cinq cent soixante cinq mille livres seront portées au trésor royal où l'emprunt des rentes viagères créées par le Roy par son édit de décembre mil sept cet soixante huit, dont cent treize mille livres sur la tête de Demoiselle Agnès Louise de Montreuil, fille née le vingt may mil sept cent soixante,

Pareille cent treize mille livres sur la tête de Demoiselle Agnès Louise Lucie Auguste, fille née le quatorze avril mil sept soixante un.

Pareille cent treize mille livres sur la tête de Demoiselle Anne Louise de la Réale, fille née le dix sept novembre mil sept soixante deux.

Pareille cent treize mille livres sur la tête de Demoiselle Afroiditte Lucie Auguste, fille née le huit mars mil sept cent soixante trois

Et pareille cent treize mille livres sur la tête de Benoît Louis Le Duc, né le sept février mil sept cent soixante quatre.

Pour être constitué au profit de chacun des susnommés treize mil trois cent livres de rente viagère montantes ensemble à cinquante six mille cinq cent livres.

Que les arrérages desdits cinquante six mil cinq cent livres de rente à compter du premier janvier dernier et qui échoiront jusqu'à la majorité de chacun des susnommés ou leur émancipation effectuée sur la...»

(Minutier Central des Notaires, étude XIV – 431 – 30 mars 1772)

Il est incontestable que le mystérieux et généreux inconnu est Louis XV : la somme versée pour assurer les rentes viagères est considérable, et tous les bénéficiaires sont reconnus par les historiens comme étant les enfants bâtards du roi.

Tous ces enfants ont été baptisés sous un faux nom de père. On note à chaque fois une allusion à leur paternité royale. Montreuil était le nom d'un domaine situé à Versailles, intégré au domaine de Versailles sous le règne de Louis XV, lequel possédait une propriété au carrefour de Montreuil. Auguste est un adjectif signifiant « relatif au roi ». Réale signifie royal. Duc est un titre de haute noblesse. On note également que chaque prénom des filles commence par la lettre A : Agnès (deux fois), Anne et Afroiditte.

Ces subtiles références à une paternité royale et ces prénoms qui commençaient par la lettre A, résultaient de la volonté de Louis XV. Lorsqu'en 1761 Mademoiselle de Romans annonça à son royal amant qu'elle était enceinte, voici ce que celui-ci lui écrivit :

« À Versailles, ce 8 décembre 1761

Je me suis très bien aperçu ma grande que vous aviez quelque chose dans la tête lors de votre départ d'ici, mais je ne pouvais deviner ce que ça pouvait être au juste. Je ne veux point que notre enfant soit sous mon nom dans son extrait baptistaire, mais je ne veux point non plus que je ne le puisse reconnaître dans quelques années, si cela me plaît. Je veux donc qu'il soit mis Louis-Aimé ou Louise-Aimée, fils, ou fille, de Louis Le Roy ou de Louis Bourbon, comme vous le voudrez, pourvu qu'il n'y ait pas de (blanc) ; de votre côté, vous y ferez mettre ce que vous voudrez. Je veux aussi que le parrain et la marraine soient des pauvres, ou des domestiques, excluant tous autres. Je vous baise, et embrasse bien tendrement ma grande amie.[19] »

Si Valéry Giscard d'Estaing se croyait à tort descendant de Louis XV alors qu'aucune preuve ne vient étayer cette filiation

---

19 Historia n°159, février 1960, Mademoiselle de Romans, mère du seul fils illégitime reconnu de Louis XV, par le comte de Fleury.

royale, il pouvait toutefois se consoler en sachant qu'il descendait de Louis XI (1423-1483), de Charles V (1338-1380), de Charles VI (1368-1422), de Charles VII (1403-1461) et même de Saint Louis (1214-1270) ! Il pouvait aussi se consoler auprès de son épouse, qui, elle, descend bien de Louis XV et même d'un de ses petits-fils, le dernier roi de France, Charles X. S'il ne descendait pas de Louis XV, ses enfants, eux, en descendent...

D'ADÉLAÏDE DE SAINT-GERMAIN À VALÉRY GISCARD D'ESTAING :

Adélaïde de Saint-Germain

Née le 23 janvier 1769 à Versailles

Mariée le 31 juillet 1797 à Valence (Drôme) avec Jean Pierre Bachasson de Montalivet

Décédée le 10 mars 1850 à Thauvenay (Cher) à l'âge de 81 ans

Camille Bachasson de Montalivet

Né le 24 avril 1801 à Valence (Drôme)

Marié le 26 janvier 1828 à Paris avec Clémentine Paillard Ducléré

Décédée le 4 janvier 1880 à Saint-Bouize (Cher) à l'âge de 78 ans

Marthe Bachasson de Montalivet

Née le 9 octobre 1844 à Paris 1er (ancien)

Mariée le 19 juin 1865 à Saint-Bouize (Cher) avec Georges Picot

Décédée le 2 août 1914 à Paris 16eme à l'âge de 69 ans

Geneviève Picot

Née le 4 janvier 1876 à Paris 9eme

Mariée le 6 février 1899 à Paris 9eme avec Jacques Bardoux

Décédée le 12 juillet 1949 à Paris 15eme à l'âge de 73 ans.

Marthe, dite May, Bardoux

Née le 6 mai 1901 à Paris 8eme

Mariée le 18 avril 1923 à Paris 16eme avec Edmond Giscard d'Estaing

Décédée le 13 mars 2003 à Paris 16eme à l'âge de 101 ans

Valéry Giscard d'Estaing

Né le 2 février 1926 à Coblence (Allemagne)

Marié le 17 décembre 1952 à Paris 8eme avec Anne-Aymone Sauvage de Brantes.

Décédé le 2 décembre 2020 à Authon (Loir-et-Cher) à l'âge de 94 ans.

BERNADETTE CHIRAC, DESCENDANTE DE SAMUEL BERNARD, L'HOMME LE PLUS RICHE D'EUROPE

Bernadette Chodron de Courcel, épouse de Jacques Chirac, née le 18 mai 1933 à Paris 16e, est la fille de Jean Chodron de Courcel (1907-1985) et de Marguerite de Brondeau (1910-2000). La grand-mère de cette dernière est Mathilde Fournier d'Arthel (1835-1891) dont la grand-mère, Céleste Olive Bernard de Coubert (1769-1841), était l'arrière-petite-fille de Samuel Bernard (1651-1739) qui fut l'homme le plus riche de France, et même d'Europe selon Saint-Simon.

Fils d'un professeur à l'Académie royale de peinture à Paris connu comme miniaturiste, Samuel Bernard eut un parcours exceptionnel. Il commença sa vie professionnelle à Paris comme marchand mercier, puis étendit ses activités en faisant notamment du commerce triangulaire, consistant à envoyer des navires sur la côte africaine, à y acheter des esclaves, à les revendre aux planteurs des Antilles, de Cayenne ou de Louisiane, et à revenir en Europe les cales du bateau chargées de sucre, cacao, café, tabac, indigo ou rocou. Il créa aussi une banque et fit des affaires commerciales très importantes qui lui apportèrent une fortune considérable.

Samuel Bernard prêtait régulièrement de l'argent à Louis XIV par l'intermédiaire de ses contrôleurs des finances, Michel Chamillard, puis Nicolas Desmarets. Bien qu'anobli par lui en 1699, il ressentait une certaine vexation, car malgré les millions prêtés, il n'avait jamais été reçu personnellement par le roi à la cour de Versailles. En 1708, alors que le contrôleur des finances le sollicitait une nouvelle fois pour prêter à Louis XIV quelques millions, il fit cette réponse : « Quand on a besoin des gens, c'est bien le moins qu'on fasse la demande soi-même. » Ce qui signifiait un refus, à moins que la demande émana du roi lui-même... Le contrôleur des finances en fit part à Louis XIV qui avait un besoin pressant d'argent, la construction de son château de Marly, confiée à Jules Hardouin-Mansart[20], lui coûtait une fortune, mais il ne pouvait pas, sans déroger le recevoir en audience particulière. Louis XIV eut alors l'idée d'organiser avec la complicité de son contrôleur général des finances, une rencontre "fortuite" avec Samuel Bernard. Ce dernier fut donc invité à Marly par Nicolas Desmarets.

Laissons le duc de Saint-Simon raconter la suite :

« Le roi sur les cinq heures sortit à pied et passa devant tous les pavillons (…). Au pavillon suivant, le roi s'arrêta. C'était celui de Desmarets qui se présenta avec le fameux banquier Samuel Bernard qu'il avait mandé pour dîner et travailler avec lui. C'était le plus riche d'Europe et qui faisait le plus gros et le plus assuré commerce d'argent. Le roi dit à Desmarets qu'il était bien aise de le voir avec M. Bernard, puis, tout de suite, dit à ce dernier : - Vous êtes bien homme à n'avoir jamais vu Marly, venez le voir à ma promenade, je vous rendrai après à Desmarets…

J'admirais, et je n'étais pas le seul, cette espèce de prostitution du roi, si avare de ses paroles, à un homme de l'espèce de Bernard. »

---

20 Lequel connaissait très bien Samuel Bernard, son fils Jacques Hardouin-Mansart ayant épousé sa fille Madeleine Marie Bernard en 1701.

Samuel Bernard revint enchanté de sa promenade avec Louis XIV et les millions dont ce dernier avait grand besoin furent prêtés...

Samuel Bernard fut fait comte de Coubert par Louis XV en 1725. Il eut huit enfants de trois femmes.

De son premier mariage avec Magdeleine Clergeau :

1°) Madeleine Marie Bernard (1684-1716), épouse de Jacques Hardouin-Mansart, fils du célèbre architecte

2°) Samuel Jacques Bernard (1686-1753), il reprit le titre de comte de Coubert. Il est l'ancêtre de Bernadette Chirac.

3°) Gabriel Bernard (1687-1745). Il se fit appeler Bernard de Rieux.

4°) Vincent Bernard (mort en 1719). Il se fit appeler Bernard de la Livinière.

De son second mariage en 1720 avec Pauline de Saint-Chamans :

5°) Bonne Félicité Bernard (1721-1784), épouse de Mathieu-François Molé, président à mortier au Parlement de Paris

De sa maîtresse Marie Anne Armande Carton Dancourt, mariée avec Jean Louis Guillaume Fontaine :

6°) Louise Marie Madeleine Bernard (1706-1799), épouse de Claude Dupin, seigneur de Chenonceau.

7°) Marie Louise Bernard (1710-1765), épouse d'Antoine Alexis Panneau d'Arty.

8°) Françoise Thérèse Bernard (1712-1765), épouse de Nicolas Vallet, seigneur de La Touche.

Dans sa descendance, on retrouve les plus grandes familles de la noblesse française : les Polignac, Caumont la Force, Noailles, Ségur, Clermont-Tonnerre, etc. On retrouve aussi les Chodron de Courcel, nom de naissance de Bernadette Chirac, mais qui, eux, ne sont pas nobles.

Samuel Bernard était-il d'origine juive ?

La question est posée, car Samuel est un prénom hébraïque et Bernard peut être un patronyme juif. Il est, par exemple, celui de Sarah Bernhardt, de Tristan Bernard et du professeur Jean Bernard, tous trois Juifs. En outre, ses ancêtres venaient de Hollande où beaucoup de Juifs sont allés vivre après leur expulsion d'Espagne en 1492 et du Portugal en 1496. Voltaire, certainement influencé par ces prénom et nom le croyait. Dans une lettre adressée au philosophe Helvétius en 1761, il écrit : « Samuel, juif, fils de juif, mort surintendant de la maison de la Reine. »

En 1781, paru à Londres un livre intitulé *Vie privée de Louis XV ou principaux événements, particularités et anecdotes de son règne*[21] dans lequel on peut lire :

« Une mort frappa singulièrement le Cardinal[22], arrivée peu avant la sienne et dont on ne put lui dérober la connaissance, fut celle de Samuel Bernard, vieillard presque du même âge que Son Éminence. Ce Juif, issu d'une nation proscrite en France, et que les diverses corporations ont exclu de leur sein, était parvenu au plus haut degré de considération que peut donner la richesse. Il était banquier de la Cour... Il n'en devint que plus opulent et laissa 33 millions de biens. »

---

21 Sorti anonymement, l'auteur du livre est probablement le littérateur Barthélémy Mouffle d'Angerville (1728-1795).

22 Le cardinal de Fleury (1653-1743), principal ministre de Louis XV de 1726 à 1743.

En réalité, Samuel Bernard était protestant. Dans son livre *Samuel Bernard, banquier du Trésor royal et sa descendance*[23], le vicomte de Bonald récuse l'hypothèse de sa judéité et affirme que la famille Bernard est huguenote. Les prénoms bibliques, tels qu'Abraham, Moïse ou Samuel étaient souvent donnés aux nouveau-nés dans les familles protestantes.

En octobre 1685, Louis XIV révoqua l'édit de Nantes promulgué en 1598 par Henri IV. Pour obliger les protestants à se convertir à la religion catholique, le pouvoir royal utilisa les dragonnades, une méthode de persécution qui consistait à obliger les familles protestantes à loger chez elles des soldats jusqu'à ce qu'elles finissent par accepter de se convertir. Cette occupation s'accompagnait de pillage et de destruction. Samuel Bernard, malgré sa proximité avec le roi et sa fortune, en fut victime.

Deux mois et demi après la révocation de l'Édit de Nantes, il reçut cette lettre du fils du célèbre d'Artagnan :

« À monsieur, monsieur Bernart, banquier à Paris.

Je suis bien fâché, monsieur, d'estre obligé d'establir garnison dans vostre maison de Chenevière[24]. Je vous en supplie d'en arrêter la suite en vous faisant catolique, sans quoi j'ai ordre d'y faire vivre mes soldats à discrétion ; et quand il n'y aura plus rien, la maison court grand risque. Je suis au désespoir, monsieur, d'estre forcé à faire pareille chose et surtout quand il faut que cela tombe sur une personne comme vous. Permetez-moi donc que je vous supplie de vous solliciter au remède, car il n'y en a pas d'autre que de m'envoyer vostre abjuration et celle de toute

---

23 Joseph Marie Jacques Ambroise de Bonald, *Samuel Bernard, banquier du Trésor royal et sa descendance*, Imprimerie Carrère, 1912.

24 Chennevières-sur-Marne, aujourd'hui dans le Val-de-Marne.

votre famille. En attendant, je vai donner ordre qu'on ne fasse nul désordre dans la maison et mesme je ferai subsister les soldats fort modique ; mais contés que ces modérations-là n'iront que jusque à demain à deux heures après midi, car je les prens sur moy, ayant ordre du contre. Encore une fois, monsieur, ottes-moy le chagrin d'estre obligé de vous en faire, et me croiés, monsieur, votre très-humble et très-obéissant serviteur.

Artaignan.[25] »

Mais le temps que Samuel Bernard adressa son certificat de conversion, la dragonnade avait eu lieu.

Il s'en plaignit au roi : on lui avait bu son vin, volé ses chemises et brisé ses meubles. Il estimait à 10.016 livres les dégâts commis par les soldats de l'aide-major d'Artaignan.

En 2004, un journaliste entreprit de faire un reportage sur Bernadette Chirac. Il se rendit en Corrèze pour interviewer des personnes ayant eu affaire à elle. Un ancien adjoint du maire de Sarran lui fit cette réponse : « Cette dame, on peut la définir un peu comme Louis XIV. C'est une personne qui a pouvoir sur tous ses sujets et qui ne supporte pas qu'ils désobéissent. C'est la reine-mère, et même plus : c'est le despote absolu.[26] »

Cette déclaration n'aurait peut-être pas déplu à son ancêtre...

---

25 Cette lettre, issue de la collection de Théodore Muret, se trouve à la bibliothèque de Rouen. Elle est reproduite dans le Monde illustré du 9 juin 1860, p.2.

26 John Paul Lepers et Thomas Bauder, *Madâme, Impossible conversation*, Éditions privé, 2006, p.118, réponse de Jean-Pierre Monteil, ancien adjoint au maire de Sarran au journaliste John Paul Lepers.

DE SAMUEL BERNARD À BERNADETTE CHIRAC :

Samuel Bernard

Né le 28 novembre 1651 à Paris

Décédé le 18 janvier 1739 à Paris à l'âge de 87 ans

Samuel Jacques Bernard de Coubert

Né le 19 mai 1686 à Paris

Marié le 12 août 1715 à Paris avec Elisabeth Olive Louise Frotier de la Coste-Messelière

Décédé le 22 juillet 1753 à Paris à l'âge de 67 ans

Jacques Samuel Olivier Bernard de Coubert

Né le 6 janvier 1730 à Paris

Marié le 28 septembre 1767 avec Marie Céleste Fortebracci Valgimelli

Décédé le 3 août 1801 à Paris à l'âge de 71 ans

Céleste Olive Bernard de Coubert

Née vers 1769

Mariée avec Pierre-Jean Fournier, comte d'Arthel

Décédée le 22 octobre 1841 à Arthel (Nièvre) à l'âge de 72 ans

Hippolyte Fournier d'Arthel

Né le 4 mars 1802 à Arthel (Nièvre)

Marié le 13 février 1831 à Challement (Nièvre) avec Anne-Françoise Aupépin de la Motte Dreuzy

Décédé le 8 août 1849 à Challement (Nièvre) à l'âge de 47 ans

Mathilde Fournier d'Arthel

Née le 1er mars 1835 à Arthel (Nièvre)

Mariée le 27 juin 1863 à Héry (Nièvre) avec Édouard, comte de Brondeau

Décédée le 6 avril 1891 à Paris 6eme à l'âge de 56 ans

Louis, comte de Brondeau

Née le 8 septembre 1867 à La Croix-Blanche (Lot-et-Garonne)

Mariée le 22 mai 1899 à Paris 16eme avec Odette de Buisseret

Décédé le 2 janvier 1948 à La Croix-Blanche (Lot-et-Garonne) à l'âge de 80 ans

Marguerite de Brondeau

Née le 20 août 1910 à Cheverny (Loir-et-Cher)

Mariée le 25 novembre 1931 à Paris 7eme avec Jean Chodron de Courcel

Décédée le 20 octobre 2000 à Souzy-la-Briche (Essonne) à l'âge de 90 ans

Bernadette Chodron de Courcel

Née le 18 mai 1933 à Paris 16eme

Mariée le 16 mars 1956 à Paris 6eme avec Jacques Chirac

LES CINQ ANCÊTRES CÉLÈBRES DE PIERRE JOXE

Né en 1934 à Paris, Pierre Joxe est une personnalité de la Ve République. Député, ministre de l'Intérieur de François Mitterrand de 1984 à 1986, puis de 1988 à 1991, ministre de la Défense de 1991 à 1993, il fut aussi président de la Cour des comptes de 1993 à 2001.

Son père, Louis Joxe (1901-1991), fut ambassadeur, député et ministre du Général de Gaulle, c'est lui qui en 1962 négocia les accords d'Évian qui aboutirent à l'indépendance de l'Algérie. Louis Joxe fut également membre du Conseil constitutionnel de 1977 à 1989, siège qu'occupera son fils de 2001 à 2010, achevant à ce prestigieux poste une longue et belle carrière politique.

La famille de Pierre Joxe est originaire de Bretagne, son arrière-grand-père, Louis Joxe (1831-1901) était menuisier à Pontivy (Morbihan). Son fils, Auguste Joxe (1871-1958) fit de brillantes études de sciences naturelles : agrégé en 1896, il fut professeur au lycée Lakanal puis au lycée Louis-le-Grand à Paris. Il est le père de Louis Joxe (1901-1991).

C'est par sa mère, Françoise Halévy (1900-1991), que Pierre Joxe descend de cinq personnes qui furent célèbres en leur temps : Léon Halévy (1802-1883), Ludovic Halévy (1834-1908), Abraham-Louis Bréguet (1747-1823), Louis Bréguet (1804-1883) et Hippolyte Le Bas (1782-1867).

1°) Léon Halévy (1802-1883), son arrière-arrière-grand-père

La famille Halévy est originaire d'Allemagne. Fils d'un rabbin de Fürth (Bavière), Elie Halfon Lévy (1760-1826), père de Léon Halévy, vint s'établir en France vers 1791 et s'y maria en 1798 avec Julie Mayer (1781-1819), native de Malzéville en Lorraine. Lorsqu'en 1808 Napoléon Bonaparte imposa aux Juifs de s'enregistrer sous un nom définitif, il choisit celui de Halévy, plutôt que de conserver celui de Lévy. Léon Halévy, son fils, expliqua ce choix : « Le vrai nom de notre père était Lévy. En 1807, les Israélites de France furent invités, par mesure gouvernementale prise de concert avec une décision du grand Sanhédrin, convoqué à Paris, à changer ou à modifier leurs noms de famille. Pour éviter la confusion qui résultait sur les registres de l'état civil de la similitude d'un grand nombre de noms, notre père ajouta à son nom l'affixe hébraïque ou article ha, et s'appela dès lors Halévy, qui avait été le nom de plusieurs talmudistes célèbres, et notamment du poète Jédédias Halévy[27], qui fleurissait au XIIe siècle de l'ère chrétienne. » et précisa : « Notre père, Elie Halévy, était un homme très honoré parmi les Israélites pour son caractère et pour sa science ; mais, je dois le dire, cette science était toute spéciale. Il était profond hébraïsant et très versé dans les connaissances talmudiques. »

Elie Halévy mourut le 5 novembre 1826 alors qu'il travaillait à l'écriture d'un dictionnaire hébreu-français.[28]

Même si elles ne sont plus lues, ni jouées aujourd'hui, les œuvres de Léon Halévy connurent un grand succès de son vivant.

---

27 Rabbi Juda (Yehouda) ben Shmouel ibn Alhassan haLévi (ca. 1075-1141), rabbin, philosophe, médecin et poète juif espagnol.

28 *L'Univers Israélite*, année 1863, pp. 274-276.

Voici ce qu'écrivit la presse à l'annonce de sa mort en septembre 1883 : « M. Léon Halévy, frère du célèbre compositeur, était un littérateur fort distingué. Né à Paris, le 14 janvier 1802, il fit avec succès ses études au lycée Charlemagne et se destina d'abord à l'enseignement. Il commença ensuite son droit. Il avait commencé dès 1817 dans la littérature par la cantate d'Égée et quelques traductions en vers d'Horace. En 1837, il entra au ministère de l'instruction publique et y resta jusqu'en 1853, attaché au bureau des monuments historiques, dont il était chef depuis plusieurs années. De 1831 à 1834, il suppléa Arnault comme professeur adjoint de littérature à l'École Polytechnique. Parmi ses œuvres, il faut citer *Luther*, poème dramatique, un résumé de l'*Histoire des Juifs*, une imitation de *Macbeth*, la *Grèce tragique*, un recueil de poésies étrangères, deux volumes de fables, des poèmes, des élégies, etc. Au point de vue théâtral, Léon Halévy a écrit *Le Duel* (1826), au Français ; *Le Czar Démétrius*, tragédie en cinq actes ; *L'Espion*, drame en cinq actes, à l'Odéon ; *Le Dilettante d'Avignon*, un acte, musique de son frère Fromenthal Halévy, joué à Feydeau en 1829 ; *Beaumarchais à Madrid*, drame en trois actes, à la Porte-Saint-Martin ; *Indiana* d'après G. Sand, à la Gaîté ; *La Rose Jaune*, *Leone Leonie*, *Un Mari S.V.P.*, *Balai d'or*, *Ce que fille veut*, *Un Fait-Divers* (en collaboration avec son fils) ; enfin *Électre*, tragédie en quatre actes, qui fut jouée à l'Odéon en 1864, *Le Chevreuil*, etc. »[29]

Cette nécrologie commence en mentionnant que Léon Halévy était le frère du célèbre compositeur. Il s'agit de Fromental Halévy (1799-1862), le plus célèbre des Halévy, qui connut en 1835 un important succès avec son opéra *La Juive*. Sa fille, Geneviève Halévy (1829-1926) épousa le compositeur Georges Bizet (1838-1875). Son curieux prénom s'explique par le fait qu'il est né à une époque où le calendrier républicain avait

---

29 *Le Rappel*, 5 septembre 1883, p.3.

remplacé le calendrier grégorien et que ce jour-là (le 7 prairial an VII, soit le 26 mai 1799) était le jour du fromental, une avoine. C'est donc par conviction républicaine que ses parents lui donnèrent ce prénom, s'il était né deux jours avant, il se serait donc, peut-être, appelé Canard et quatre jours après, Fraise. Coïncidence ou clin d'œil du destin, il naquit rue Neuve-des-Mathurins dans une maison qui sera détruite quelques années plus tard pour y laisser place à l'opéra de Paris.

Léon Halévy épousa en 1832 Alexandrine Le Bas (1813-1893), fille du célèbre architecte Hippolyte Le Bas (1782-1867). Son épouse étant catholique, leurs deux enfants Ludovic (1834-1908) et Valentine (1846-1893), furent élevés dans la religion catholique.

Avant son mariage, Léon Halévy avait eu une liaison avec une jeune comédienne de la Comédie-Française, Lucinde Paradol (1798-1843), dont il eut un fils en 1829 : Lucien-Anatole Prévost-Paradol, journaliste et essayiste, élu en 1865 à l'Académie française. Il ne cacha pas son fils à sa famille et lorsque celui-ci perdit sa mère à l'âge de 14 ans, Alexandrine Le Bas, sa femme, s'en occupa[30]. Lucien Prévost-Paradol, dont une commune d'Algérie a porté le nom, se suicida à Washington en 1870, en raison d'un chagrin d'amour. Lors de ses obsèques, ce fut son père et son demi-frère Ludovic Halévy qui conduisirent le deuil. Son fils unique se suicidera également à l'âge de 18 ans, en 1877, car il avait été refusé à Saint-Cyr.

---

30 *Rivarol,* 4 janvier 1962, p.14, texte de Daniel Halévy : « L'unique et suffisante gloire, pour de telles femmes, c'est de réussir l'éducation de leurs enfants. Ma grand-mère Halévy en réussit deux : celle de mon père, écrivain, lettré excellent mémorialiste presque de premier ordre, et celle de Prévost-Paradol, orphelin qu'elle avait adopté, historien et écrivain politique dont les grandes vues, sur beaucoup de points, nous commandent encore. »

Léon Halévy préconisait la substitution du français à l'hébreu dans les synagogues, ce qui aurait été selon lui une « grande mesure, la plus propre à opérer la fusion complète et définitive des sectateurs de Moïse et des autres Français. » Il était contre la création d'un État juif : « Nous ne pensons pas que les juifs soient destinés à habiter encore comme nation cette terre antique de Jérusalem. Nous croyons qu'il peut s'établir un jour parmi les hommes de toutes nations une telle harmonie de morale et de doctrine, d'institutions politiques et religieuses, que ce peuple, qui est partout, pourra se croire dans une commune patrie. »[31]

Daniel Halévy (1872-1962), le grand-père de Pierre Joxe, avait connu son grand-père et livra ces souvenirs :

« Mon grand-père paternel, Léon Halévy, Juif, de qui je tiens le nom, j'avais dix ans quand il est mort. Je me souviens d'un octogénaire fatigué, qui parlait peu. Un jour, pourtant, il m'avait parlé, et je ne l'oublierai jamais. Je pense que j'étais bien petit : six à sept ans. Qu'est-ce qui se passa dans la tête du vieillard ? Je ne sais. Entre les très vieux et les très petits, il se produit parfois d'étranges échanges de regards. Mon grand-père Léon Halévy avait été, dans ses vingt ans, le collaborateur de Saint-Simon[32] le réformateur, qui lui-même avait été, dans ses vingt ans, élève de d'Alembert l'encyclopédiste.

---

31 *L'Univers israélite*, 8 août 1930.

32 Claude Henry de Rouvroy, Comte de Saint-Simon (1760-1825), auteur d'un doctrine préconisant, pour mettre fin aux guerres, à l'intolérance, à l'égoïsme, aux injustices, à l'obscurantisme et au féodalisme de l'Ancien Régime, un changement de société dont les membres les plus compétents auraient pour tâche d'administrer la France le mieux possible afin d'en faire un pays prospère, et dans laquelle régnerait l'esprit d'entreprise, l'intérêt général, le bien commun, la liberté, l'égalité et la paix. Il a été considéré par des historiens comme le premier socialiste.

Son siècle, c'était le XVIIIe. Toujours est-il qu'il entreprit de m'expliquer le sens de deux mots, le mot naturaliste, le mot humanité. Je l'écoutais avec toutes mes forces et il me semblait que d'immenses espaces inconnus s'étendaient devant moi, sans cesse grandissants... Que de fois ai-je regretté de n'avoir pu interroger l'aïeul aux cheveux blancs sur Saint-Simon, son maître ! Il s'en est fallu de peu, cinq à six ans. Cinq à six ans qui changent tout.[33] »

2°) **Ludovic Halévy (1834-1908), son arrière-grand-père**

Fils de Léon Halévy, Ludovic Halévy (1834-1908) était un très célèbre librettiste d'opérettes et d'opéras. Il naquit à l'institut de France, tout près de l'Académie française dont il devait devenir membre cinquante ans plus tard, son grand-père Hippolyte Le Bas (1782-1867), célèbre architecte, y disposait d'un grand logement et y hébergeait sa fille et son gendre. Le jour de sa naissance, son père, son oncle, Fromental Halévy et son grand-père maternel, Hippolyte Le Bas étaient célèbres et reconnus dans leurs domaines respectifs, ce qui lui fit déclarer quelques années plus tard : « J'ai eu le bonheur d'être le fils de mon père, le neveu de mon oncle et le petit-fils de mon grand-père. »

Ludovic Halévy entre à 18 ans au ministère de l'Intérieur, puis passe au ministère de l'Algérie et des colonies, mais sa grande passion est l'opérette.

Il a seulement 27 ans, lorsque sa première œuvre *Monsieur Choufleuri* qu'il a coécrite avec le duc de Morny (1811-1865), frère utérin de Napoléon III, est mise en musique par Jacques Offenbach (1819-1880). Elle rencontre un grand succès.

S'ensuivit pendant 20 ans une série de livrets écrits avec son ami Henry Meilhac (1830-1897) et mis en musique par Jacques

---

33 *Rivarol,* 4 janvier 1962, p.13.

Offenbach, dont les plus célèbres sont *La Belle Hélène, La Vie parisienne* et *Carmen*. Selon le dramaturge Robert de Flers, l'œuvre éclatante et diverse de Meilhac et Halévy est la plus brillante et la plus représentative de l'art comique sous le Second Empire[34].

En juin 1868, il épouse selon le rite protestant Louise Breguet, ainsi que le relate *Le Temps* :

« Hier a été célébré au temple de l'Oratoire, le mariage de M. Ludovic Halévy avec Mlle Louise Breguet. Un grand nombre d'hommes éminents dans les lettres, les arts et la science assistaient à la cérémonie. M. le pasteur Martin-Paschoud a adressé aux époux une allocution où il n'a pas craint de leur parler, à côté de leurs devoirs mutuels, des devoirs envers la patrie, l'humanité et la liberté. Après la cérémonie religieuse, les assistants sont, suivant l'usage, venus saluer les mariés. Mme Ludovic Halévy, charmante et gracieuse, accueillait toutes les personnes amies avec un sourire heureux ; M. Ludovic Halévy montrait une gravité sereine, que beaucoup, ne le connaissant pas, n'auraient pas attendue de l'auteur de ces folles joyeusetés qui ont fait rire toute l'Europe, et ont déridé même les têtes couronnées, les plus tristes de toutes les têtes.[35] »

Ludovic Halévy est également l'auteur de plusieurs romans, notamment *Monsieur et Madame Cardinale* (1872), *Les petites Cardinales* (1880), *L'abbé Constantin* (1882) et *Criquette* (1883), œuvres aujourd'hui oubliées, mais qui connurent un grand succès et lui valurent de se faire élire à l'Académie française en 1884.

---

34 Robert de Flers, Meilhac et Halévy : leur vue et leur carrière, *Conferencia, journal de l'Université des annales,* n°19, 15 septembre 1924.

35 *Le Temps*, 3 juillet 1868, p.2.

Propriétaires du château de Haute-Maison à Sucy-en-Brie (Val de Marne), Ludovic Halévy et Louise Bréguet, son épouse, eurent deux enfants : Élie (1870-1937), historien et philosophe, et Daniel (1872-1962), historien et essayiste. Ils moururent, respectivement, le 7 mai 1908 à Paris, à l'âge de 74 ans, et le 29 mai 1930 à Sucy-en-Brie, à l'âge de 82 ans.

3°) **Abraham-Louis Bréguet (1747-1823), son arrière-arrière-arrière-grand-père**

Né à Neuchâtel (Suisse) le 10 janvier 1747, de l'union de Jonas Louis Bréguet (1719-1758) et de Suzanne Bolle (née en 1724), Abraham-Louis Bréguet est formé aux techniques de l'horlogerie par son beau-père, horloger aux Verrières (Suisse).

Il complète sa formation à Versailles puis s'établit en 1775 à Paris, au quatrième étage d'un immeuble situé quai des Morfondus qui sera rebaptisé, curieuse coïncidence, quai de l'Horloge, en référence à une horloge ornant la tour de l'Horloge du palais de la Cité. Sa maison d'horlogerie quittera le quai de l'Horloge en 1870, pour s'installer rue de la Paix, puis, en 1912, place Vendôme, où elle est toujours présente.

Grâce à son talent, il perfectionne les montres perpétuelles, invente et fabrique de nombreux instruments scientifiques pour les astronomes et les physiciens. Il est aussi l'inventeur de la montre se portant au poignet, dont il vendit le premier exemplaire en 1812 à Caroline Bonaparte, sœur de Napoléon Ier.

En 1783, un admirateur de Marie-Antoinette lui commanda une montre d'une complexité extrême – elle devait aussi indiquer la température extérieure - qu'il exigea entièrement en or. Une montre qu'elle ne vit jamais, car en 1789, elle n'était toujours pas terminée et Abraham Bréguet, ayant dû fuir la France pendant la Révolution française, préféra arrêter sa confection avant de la reprendre en 1795. Constituée de vingt-trois complications, elle ne fut terminée par son fils qu'en 1827. Véritable pièce de collection, elle fut volée en 1983 par un Israélien au musée d'art islamique de Jérusalem et ne fut retrouvée qu'en 2007.

Marié en 1775 avec Cécile L'Huillier, il mourut à Paris le 17 septembre 1823 à l'âge de 76 ans.

À ses obsèques, son vieil ami Ternaux déclara : « En te perdant, ce n'est pas un seul ami que chacun de nous a perdu, mais plusieurs amis à la fois.[36] »

4°) Louis Bréguet (1804-1883), son arrière-arrière-grand-père

Né à Paris le 22 décembre 1804, Louis Bréguet fut, comme son père, un physicien et horloger de grand renom. Lors de sa mort en 1883, la presse rendit hommage à ses talents de savant[37] :

« La France vient de perdre un de ses plus illustres savants. M. Louis-François-Clément Bréguet, membre de l'Académie des sciences, né à Paris, le 22 décembre 1804, élu le 30 mars 1874, en remplacement de M. Passy, est mort subitement samedi. Il était officier de la Légion d'honneur depuis le 20 octobre 1878. À la mort de son grand-père, en 1823, il fut envoyé en Suisse où il exerça pendant trois ans dans la chronométrie. Son père le rappela en 1826, et le mit à la tête de son horlogerie de marine. En 1833, après la retraite définitive de son père, M. Bréguet dirigea ses idées vers l'application des sciences physiques.

Plusieurs découvertes le firent admettre au bureau des longitudes, dont il fut nommé membre titulaire le 26 mars 1862. M. F. Arago l'encourageait beaucoup dans ses travaux sur le

---

36 *Le Constitutionnel,* 20 septembre 1823, p.3.

37 *Journal de Saint-Quentin et de l'arrondissement,* 30 octobre 1883.

télégraphe électrique. Ce constructeur, dont les travaux d'horlogerie ont fréquemment mérité le rappel des quatre médailles d'or obtenues par sa famille, est regardé comme le premier qui se soit occupé, chez nous, de la télégraphie électrique. Le traité dans lequel il l'a résumée, en 1843, est le premier qui ait paru.»

Son fils Antoine Bréguet (1851-1882) était aussi un talentueux ingénieur, mort trop tôt, et c'est son autre fils, Louis Charles Bréguet (1880-1955), qui fut le célèbre avionneur, dont descend la comédienne Clémentine Célarié (née en 1957).

Daniel Halévy (1872-1962), le grand-père de Pierre Joxe, avait aussi connu son grand-père maternel, voici le souvenir qu'il en conservait :

« Mon grand-père Bréguet, le protestant, je l'ai de même peu connu. J'allais souvent dans sa maison du quai de l'Horloge, aujourd'hui la mienne. Mais il se tenait dans les hauts étages, proches les ateliers de construction mécanique dont il était le chef, comme l'étaient depuis longtemps, et comme le sont encore, tous les Bréguet. *Va dire bonjour à ton grand-père*, me disait ma mère. Et je grimpais les marches. J'étais reçu, mais courtement.[38] »

5°) <u>Hippolyte Le Bas (1782-1867), son arrière-arrière-arrière-grand-père</u>

Après le librettiste, l'homme de lettres et l'horloger : l'architecte. Hippolyte Le Bas est un célèbre architecte et professeur d'histoire de l'art, né à Paris le 31 mars 1782. Bien que son père était procureur au Châtelet, son métier est une vocation familiale : sa mère est la sœur d'Antoine Vaudoyer (1756-1846), un grand architecte auquel on doit notamment

---

38 *Rivarol,* 4 janvier 1962, p.13.

l'Institut de France, l'extension du Collège de France et de la Sorbonne. Son cousin germain, Léon Vaudoyer (1803-1872), fut également un architecte reconnu : membre de l'Académie des beaux-arts, architecte du diocèse de Marseille, on lui doit notamment la construction de la cathédrale Sainte-Marie-Majeure de Marseille. Hippolyte Le Bas, après avoir séjourné à trois reprises à la villa Médicis, est l'architecte de l'église Notre-Dame de Lorette à Paris, de la prison de la petite Roquette, alors appelée prison modèle pour les jeunes détenus, et d'une aile de l'Institut de France qui aujourd'hui porte son nom. Il consacra une grande partie de son temps à l'enseignement de l'architecture.

Marié en 1811 avec Colombe Isambert, Hippolyte Le Bas eut deux enfants. Sa fille Alexandrine (1813-1893) épousa en 1832 Léon Halévy.

Lors de ses obsèques, le vice-président de l'Académie des Beaux-Arts, lui rendit hommage en déclarant que « Le Bas a eu le mérite, qui est en même temps le plus sûr des bonheurs, d'aimer le devoir sous toutes ses formes. Il en était le représentant vivant dans sa famille, qui le vénérait ; dans son école, où il maintenait et propageait ses convictions d'artiste suivant de l'œil et soutenant de la main la foule toujours renouvelée d'élèves serrés autour d'un maître dont les leçons étaient garantes du succès.[39] »

---

39 *Journal des débats politiques et littéraires*, 17 juin 1767, p.2.

DE LÉON HALÉVY À PIERRE JOXE :

Léon Halévy

Né le 14 février 1802 à Paris

Marié en 1832 à Paris avec Alexandrine Le Bas

Décédé le 2 septembre 1883 au Pecq (Yvelines) à l'âge de 81 ans

Ludovic Halévy

Né le 1er janvier 1834 à Paris

Marié le 30 juin 1868 à Paris 1er avec Louise Bréguet

Décédé le 7 mai 1908 à Paris 1er à l'âge de 74 ans

Daniel Halévy

Né le 12 décembre 1872 à Paris

Marié le 21 novembre 1898 à Paris 17eme avec Marianne Vaudoyer

Décédé le 4 février 1962 à Paris 1er à l'âge de 89 ans

Françoise-Hélène Halévy

Née le 10 février 1900 à Paris 17eme

Mariée le 9 novembre 1926 à Sucy-en-Brie (Val-de-Marne)

Décédée le 3 avril 1993 à Paris 1er à l'âge de 93 ans

Pierre Joxe

Né le 28 novembre 1934 à Paris 1er

Marié en premières noces avec Françoise Vernier

Marié en deuxièmes noces avec Hélène Delorme

Marié en troisièmes noces avec Valérie Cayeux

Marié en quatrièmes noces avec Laurence Fradin

D'ABRAHAM-LOUIS BRÉGUET À PIERRE JOXE :

Abraham-Louis Bréguet

Né le 10 janvier 1747 à Neuchâtel (Suisse)

Marié en 1775 avec Cécile L'Huillier

Décédé le 17 septembre 1823 à Paris à l'âge de 76 ans

Louis Bréguet

Né le 22 décembre 1804 à Paris

Marié le 14 mai 1833 à Paris avec Eugénie Caroline Lassieur

Décédé le 27 octobre 1883 à Paris 1er à l'âge de 78 ans

Louise Bréguet

Née le 8 novembre 1847 à Paris

Marié le 30 juin 1868 à Paris 1er avec Ludovic Halévy

Décédée le 19 mai 1930 à Sucy-en-Brie (Val-de-Marne) à l'âge de 82 ans.

Daniel Halévy

Né le 12 décembre 1872 à Paris

Marié le 21 novembre 1898 à Paris 17eme avec Marianne Vaudoyer

Décédé le 4 février 1962 à Paris Ier à l'âge de 89 ans

Françoise-Hélène Halévy

Née le 10 février 1900 à Paris 17eme

Mariée le 9 novembre 1926 à Sucy-en-Brie (Val-de-Marne)

Décédée le 3 avril 1993 à Paris 1er à l'âge de 93 ans

Pierre Joxe

Né le 28 novembre 1934 à Paris 1er

Marié en premières noces avec Françoise Vernier

Marié en deuxièmes noces avec Hélène Delorme

Marié en troisièmes noces avec Valérie Cayeux

Marié en quatrièmes noces avec Laurence Fradin

ALBERT DE MONACO, DESCENDANT D'UN CONTRÔLEUR D'OMNIBUS

La légende raconte que le 8 janvier 1297, un moine franciscain s'est présenté à la porte de la forteresse de Monaco pour y demander l'asile pour la nuit, ce qui lui fut accordé. Il s'agissait en réalité de Francesco Grimaldi, dit "le Rusé", un Génois. Il attendit que la nuit soit tombée pour aller ouvrir les portes de la cité à sa petite armée tapie dans la pénombre et put ainsi la conquérir. Depuis, Monaco a pour souverain un Grimaldi.

En réalité, le nom de famille qu'Albert II devrait porter n'est pas Grimaldi, mais de Polignac, patronyme de son grand-père paternel. Son père Rainier III (1923-2005) qui fut prince de Monaco de 1949 à 2005, était en effet le fils de Pierre de Polignac (1895-1964) et de Charlotte Grimaldi (1898-1977).

Le trône a donc été transmis par une femme, ce qui aurait été impossible au royaume de France en vertu de la loi salique. Charlotte Grimaldi était l'unique enfant de Louis II de Monaco qui régna sur la principauté de 1922 à 1949, année de sa mort.

La transmission de la principauté de Monaco par une femme cache bien des secrets et des arrangements. Honoré Charles Grimaldi (1848-1922) qui a régné de 1889 à 1922 sous le nom d'Albert Ier, s'est marié le 21 septembre 1869 avec Mary Victoria Hamilton (1850-1922), petite-fille de Stéphanie de Beauharnais (1789-1860), laquelle était la fille adoptive de Napoléon. Une union qui s'avéra catastrophique, il y eut une mésentente totale entre les époux et la jeune Lady Hamilton quitta son mari cinq mois après son mariage, retournant vivre chez sa mère, Marie Amélie de Bade (1817-1888), en Hongrie. Heureusement pour le sort de la dynastie des Grimaldi, elle partit enceinte de quatre mois et son fils, le futur Louis II, naquit le 12 juillet 1870 à Baden-Baden (Allemagne, alors grand duché de Bade). Le jeune prince passa son enfance en Allemagne, si bien que la première fois qu'il vit son père, il avait déjà 10 ans. Unique héritier de la principauté, Louis II, dont le règne commença à la mort d'Albert Ier en 1922, ne songe pas à se marier et à se donner un légitime successeur. Il a 76 ans lorsque le 25 juillet 1946, il épouse une comédienne âgée de 45 ans, Ghislaine Dommanget (1900-1991), le couple n'aura évidemment pas d'enfant.

Cette absence de descendance légitime est problématique, car quand Louis II mourra, la principauté devra revenir à son plus proche parent : son cousin Guillaume d'Urach, comte de Wurtenberg, un Allemand. En effet, Albert Ier (1848-1922), père de Louis II, était lui aussi fils unique. Son père Charles III (1818-1889) qui régna de 1856 à 1889, avait eu une sœur Florestine de Monaco (1833-1897) qui avait épousé en 1863 le duc Frédéric de Wurtemberg-Urach, c'est donc leur fils Guillaume d'Urach (1864-1928), comte de Wurtemberg qui se trouve être plus le proche parent de Louis II. Lui ou son fils, selon l'ordre des décès, devait devenir le nouveau souverain de Monaco après la mort de Louis II, ce que la France ne pouvait accepter, car depuis la défaite de 1870 l'Allemagne était l'ennemi haï.

Le 17 juillet 1918 un traité secret fut passé entre Albert Ier, père de Louis II, et la France, lequel stipulait en son article 3 :

« En cas de vacance de la couronne, notamment faute d'héritiers directs ou adoptifs, le territoire monégasque formera, sous le protectorat de la France, un État autonome sous le nom d'État de Monaco. »

Exit donc le prince allemand, car grâce à ce traité la transmission héréditaire de la principauté devait disparaître. Il laissait toutefois la porte ouverte à une solution qui assurerait la transmission héréditaire de la principauté : si Louis II, qui avait alors 48 ans et n'était toujours pas marié, ne devait pas avoir de descendance légitime, un enfant qu'il aurait adopté pourrait lui succéder.

C'est ainsi qu'en mai 1919, moins d'un an après la signature du traité, on pu lire dans la presse que Louis II avait adopté un enfant :

« Un acte qu'il convient de signaler a eu lieu avant-hier à la légation de Monaco à Paris : le prince Louis de Monaco, prince héréditaire, commandant à l'état-major du gouvernement militaire de Metz, fils unique du prince Albert, actuellement régnant, a solennellement adopté comme sa fille Mlle de Valentinois, qui déjà faisait partie de la famille régnante. Cet acte – le statut politique de la principauté excluant la loi salique – comporte pour Mlle de Valentinois vocation héréditaire, pleine et entière à la couronne monégasque et assure ainsi la pérennité de la dynastie en ligne directe, suivant les désirs de la France et les vœux formels de la population monégasque.[40] »

L'hebdomadaire *Aux écoutes*[41] précise qui est Mademoiselle de Valentinois :

« On annonçait récemment que le prince Louis de Monaco, héritier du trône princier, venait d'adopter solennellement comme sa fille Mlle de Valentinois, et que cette adoption, qui fait de la jeune fille l'héritière au second degré de la principauté

---

40 *La République française*, 18 mai 1919, p.2.

41 *Aux écoutes*, hebdomadaire fondé en 1918 qui a paru jusqu'en 1969 sous le titre *Aux écoutes du monde*.

monégasque, avait eu pour témoins le président de la République[42] et M. Léon Bourgeois. En réalité, l'adoption est une reconnaissance, car la duchesse de Valentinois est bien la fille du prince héritier et d'une dame Juliette Louvet. La jeune Charlotte – la future duchesse – est née à Oran[43] le 30 septembre 1898, où son père servait comme officier à titre étranger à la Légion étrangère.

Cinq ans plus tard, le prince et Mme Juliette Louvet venaient s'installer à Luzarches en la villa Charlotte, qui appartenait au prince Albert, mais ils devaient se quitter définitivement en 1908. Déjà, par acte passé devant Me Tollu, notaire à Paris, en date du 26 mai 1905, après que Mme Juliette Louvet eut pris l'engagement de « loger, nourrir, soigner, entretenir et élever sa fille Charlotte » et accepté que « l'éducation et l'instruction de la mineure Charlotte seront données sous la surveillance et sur les indications du prince Louis, qui devra toujours être tenu au courant de la santé et des progrès de sa fille », le prince Louis de Monaco s'engageait à servir à Mme Louvet une pension mensuelle de 3.000 francs, payable en l'étude du notaire précité[44]. À la suite de démêlés, le père enleva la fille à sa mère et la mit dans un lycée parisien. Mais finalement, il consentit à remettre l'enfant entre les mains de la gouvernante désignée par le prince régnant, lequel portant également le titre de duc de

---

42 Raymond Poincaré, président de la République de 1913 à 1920.

43 En réalité, Charlotte est née à Constantine.

44 Une rente que le prince héréditaire ne payait pas régulièrement, obligeant Juliette Louvet à l'assigner en paiement en 1910, on peut lire dans *Le Journal* du 9 juin 1910, p.2 cet articulet : « Depuis quatre mois, le prince Louis de Monaco ayant cessé brusquement de faire honneur à cette reconnaissance de rente, Mme Louvet s'est adressée à la justice pour avoir un titre qui lui permit d'en poursuivre l'exécution. »

Valentinois, donna à sa petite-fille le titre de Mlle de Valentinois.⁴⁵ »

Le prince Louis avait donc une fille naturelle dont voici la transcription de l'acte de naissance :

« L'an mil huit cent quatre vingt-dix-huit, le Premier Octobre, à huit heures du matin. Acte de naissance de Charlotte Louise Juliette, enfant du sexe féminin, né hier matin à sept heures, rue Flatters, 3, domicile de ses père et mère, fille de Louise Charles Antoine de Monaco, âgé de vingt-huit ans, lieutenant au troisième régiment de chasseurs d'Afrique, chevalier de la Légion d'honneur et de Marie Juliette Louvet, âgé de vingt huit ans, sans profession, non mariés, sur les réquisitions et présentation faites par ledit Louis Charles Antoine de Monaco qui déclare se reconnaître le père de l'enfant sus prénommée, en présence de Jean Lahache, âgé de trente neuf ans, pharmacien major, et de Toussaint Borne, âgé de trente neuf ans, propriétaire, non parents de l'enfant, domiciliés à Constantine. Nous Ernest Mercier, Chevalier de la Légion d'honneur, officier d'Académie, Maire de la commune de Constantine, Officier de l'Etat-Civil, avons dressé le présent acte que nous lu aux comparants et signé avec eux. »

L'acte contient trois mentions marginales :

1°) La reconnaissance de l'enfant par sa mère, par acte dressé à la mairie du 8ᵉ arrondissement de Paris le 9 mars 1905.

2°) Le jugement rendu par le tribunal de première instance de Constantine du 18 juillet 1911 décidant que Charlotte Louise Juliette de Monaco sera à l'avenir désignée sous les nom et prénoms de Charlotte Louise Juliette Grimaldi de Monaco, fille

---

45 *Aux écoutes*, 25 mai 1919, p.5.

de Louis Honoré Charles Antoine Grimaldi, prince héréditaire de Monaco.

3°) Son adoption par Louis Charles Antoine Grimaldi, prince héréditaire de Monaco en vertu d'un acte dressé le 16 mai 1919 par le Conseil d'État de la principauté de Monaco siégeant à Paris, légation de Monaco.

(Registre des actes de naissance de Constantine, année 1898)

C'est encore la presse qui nous apprend les circonstances de la naissance de Charlotte, mais aussi celles de la séparation de ses parents :

« Il y a quinze ans, le prince Louis fils du prince régnant de Monaco faisait la connaissance à Paris de Mme Juliette Louvet, qui devenait presque aussitôt sa compagne, sa fidèle compagne et le suivant à Oran où il se rendait en garnison. Le prince venait d'être attaché en qualité d'officier à titre étranger à la légion étrangère. C'est dans cette ville que, de cette union libre, naquit la petite Charlotte. Après quatre ou cinq ans de vie conjugale, vie toute de réserve et de dignité, le prince Louis et son amie quittèrent l'Algérie, rentrèrent en France et vinrent s'installer aux environs de Paris, à Luzarches, dans une coquette villa – la villa Charlotte – qui appartient au prince Albert. En 1908, Mme Louvet a cessé de plaire. Le prince vole à d'autres amours. Il fait la connaissance d'une jeune actrice dont il fait sa maîtresse. Bref, la séparation est complète. Et un beau jour, il enlève Charlotte à sa mère, qui, isolée, n'a plus pour toutes ressources que sa rente mensuelle…[46] »

Le futur principicule a donc enlevé Charlotte à sa mère qui, répondant à une interview en janvier 1908, fait ces révélations à la presse :

---

46 *Le Journal,* 9 juin 1910, p.3.

« C'est vrai. Ma Charlotte, mon enfant chérie, m'a été enlevée. Comment vous le savez, peu m'importe. Il fallait tôt ou tard que le scandale éclatât. Tant pis pour Louis. C'est lui qui l'aura voulu. Je suis depuis quatorze ans l'amie du prince Louis de Monaco. Au bout de cinq ans d'union, j'eus de lui une petite fille, Charlotte. L'enfant, qui a aujourd'hui neuf ans, fut reconnue par son père dès le lendemain de sa naissance. (…) Trois ans après la naissance de notre enfant, j'appris que le prince avait noué des relations suivies avec une autre femme. (…) Alors commença une existence en partie double, une existence de lutte acharnée, infernale, entre cette femme et moi, qui vient de se terminer par le brutal incident dont vous connaissez l'issue. Le prince adorait sa petite Charlotte. Tous les jours, il venait ici prendre ses repas afin de voir sa fille, assister à ses leçons, prendre part à ses jeux ; puis le soir, il s'en retournait. J'ai supporté pendant six ans, par amour pour ma fille, l'abominable partage.[47] »

Interrogé à son tour, le prince Louis indique pourquoi il a retiré sa fille à sa mère :

« Il est exact que, fort des droits que me confère la loi et de ceux que me donne la conduite de Mme Louvet, j'ai retiré ma fille, une fille que j'ai reconnue dès le jour de sa naissance, d'un milieu où je ne pouvais plus la laisser sans manquer à mes devoirs de père. Je ne veux rien dire de plus, ne voulant pas accabler une femme avec laquelle j'ai longuement été lié par les sentiments les plus tendres et qui, je ne veux pas l'oublier, est, malgré tout, la mère de mon enfant. Jamais, je n'ai refusé de lui laisser voir sa fille ! Quand un *modus vivendi* aura été établi à ce sujet par l'arbitrage de mes conseils et des siens, je m'y conformerai rigoureusement et loyalement. Je n'ai au cœur ni sentiment de haine, ni rancune quelconque, mais je veux protéger

---

[47] *Le Matin*, 28 janvier 1908, p.1.

mon enfant contre des contacts offensants. C'est tout ce que je puis dire. »

Juliette Louvet, l'arrière-grand-mère d'Albert II de Monaco, est née à Pierreval (Seine-Maritime) le 9 mai 1867 de parents cultivateurs. Elle se marie très jeune, le 6 octobre 1885 à Paris 9ᵉ avec Achille Delmaet (1860-1914). Elle est alors couturière, domiciliée à Paris 46 rue de Clignancourt et son père est devenu contrôleur dans les omnibus de Rouen[48].

Bien qu'elle ne soit âgée que de 18 ans, la jeune mariée est déjà mère de famille. En effet, dans l'acte de mariage, les époux reconnaissent et légitiment leur fils Georges, né à Paris 18ᵉ arrondissement le 1ᵉʳ mai 1884.[49] Ce fils, qui est donc le grand-oncle d'Albert II, sera représentant de commerce. Lorsqu'il se marie en 1909 à Bois-Colombes avec Suzanne Léandre, une modiste de 21 ans, il fera une déclaration étonnante, ainsi que nous le révèle son acte de mariage :

« Interpellés par nous, le futur époux et son père nous ont déclaré sous la foi du serment que la mère du futur époux est décédée et disparue et qu'ils ignorent le lieu de son décès et celui de son dernier domicile. Cette déclaration est aussi certifiée sous la foi du serment par les quatre témoins du mariage qui affirment que quoiqu'ils connaissent bien le futur époux et son père, ils

---

48 Lors de son mariage en 1852, Jacques Henri Louvet est « employé à l'agriculture ». Lors de la naissance de sa fille, quinze ans plus tard, il est cultivateur. Lors de son remariage en 1872, il est propriétaire. Lors du mariage de sa fille en 1885, il est contrôleur aux omnibus à Rouen.

49 Acte de mariage de Achille Paul Léonce Delmaet et Marie Juliette Delmaet, célébré à la mairie de Paris 9ème arrondissement le 6 octobre 1885, registre des mariages de Paris 9ème arrondissement, année 1885, cote V4E 6204.

ignorent le lieu du décès et celui du dernier domicile de la mère du futur époux.»

Georges Delmaet, son père et les quatre témoins du mariage, parmi lesquels se trouve sa sœur, Marguerite Delmeat (1886-1964), épouse de Georges Dreux, ont très probablement fait une déclaration mensongère, car en 1908 toute la presse avait parlé de Juliette Louvet, suite à l'enlèvement de sa fille par le prince Louise de Monaco. Il n'était pas bien difficile de savoir qu'elle était toujours en vie et de retrouver son adresse qui était mentionnée dans les nombreux articles de presse consacrés à cette affaire : 6, rue Benjamin Godard à Paris 16ᵉ arrondissement. Ayant été abandonné par sa mère qui avait eu l'opportunité de devenir la maîtresse puis la concubine d'un prince, Georges Delmaet ne souhaitait probablement pas renouer avec celle-ci et préférait la déclarer comme morte, au prix d'un mensonge sous serment.

Comme sa mère, Georges Delmaet est déjà père de famille lors de son mariage en 1909 avec Georgette Léandre. Il avait eu avec sa future épouse un fils, né le 5 avril 1905 à Bois-Colombes, (Hauts-de-Seine) qu'il a prénommé Georges, comme lui. Celui-ci se marie le 23 août 1940 à Vichy (Allier) avec Irène Makovsky. En février 1948, il est recherché par la justice française[50] car pendant la guerre, il aurait fait partie d'un réseau d'espionnage au profit de l'Allemagne. En effet, on apprend dans le journal

---

50 *L'Aurore*, 15 février 1948, p.2 : « Vu la procédure suivie du fait d'intelligence avec l'ennemi contre le nommé DELMAET Georges-Max-André, né à Bois-Colombes (Seine), le cinq avril 1905, de Georges et de Suzanne-Georgette Leandre, ayant été domicilié à Paris (16°) 48, rue de Passy. (…) Ordonnons à Delmaet de se présenter le dix-sept mars mil neuf cent quarante-huit, à treize heures, devant la Cour de Justice, onzième sous-section départementale de la Seine, pour y être jugé et à cet effet de se mettre en état d'arrestation dans la maison de Justice établie près ladite Cour. »

Combat que pendant l'Occupation, il aurait été espion pour le compte de l'Allemagne nazie :

« Il ne faudra pas moins de quatre audiences pour juger le mauvais cas de Georges Montet, ce chef de bande qui, sous l'occupation, se consacra avec zèle au recrutement d'agents de renseignements pour le compte de l'ennemi. (…) Pour le compte de l'agent allemand Werner, Montet créait bientôt un service de recrutement d'espions français, choisis de préférence parmi d'anciens aviateurs ou d'anciens marins qui, après un stage à Bruxelles devaient être acheminés au parachutés en Grande-Bretagne ou en Afrique du Nord. Montet est aujourd'hui « assisté » de ses complices les plus notoires : sa femme Olga et le commandant Lacroix de la L.V.F. qui se dit gaulliste, Jean Fraval et Marcel Leclerc. Georges Delmaet et Jean Dufayet seront jugés ultérieurement par contumace.[51] »

Le 20 mars 1948, Georges Delmaet, contumax, est condamné par la 11e sous-section départementale de Seine de la Cour de justice à la peine de la confiscation totale de ses biens présents et à venir[52].

Mais s'il ne comparut jamais devant la Cour de justice, c'est parce qu'en réalité, il était mort depuis 1944, dans un camp de concentration, ainsi que nous le révèle une mention en marge de son acte de naissance :

« Décédé le 15 janvier 1944 à Buchenwald (Allemagne). Jugement rendu le 14 février 1964 par le tribunal de Grande Instance de la Seine et transcrit à Paris 13ème arr. le 19 octobre 1964. »

---

51 *Combat,* 18 mars 1948, p.1.

52 *Journal officiel de la République française*, 24 mai 1948, p.59.

Le 6 février 2008, un arrêté ordonna qu'il soit porté apposition de la mention « Mort en déportation » sur le jugement déclaratif de son décès[53]. Voilà donc une curieuse histoire : en mars 1948 cet homme a été condamné pour espionnage au profit de l'Allemagne alors qu'il était mort en déportation à Buchenwald en janvier 1944.

Achille Delmaet, l'époux de Juliette Louvet, était photographe ; il est connu pour avoir fait des clichés de la célèbre danseuse de cancan Louise Weber, dite La Goulue (1866-1929), où elle apparaît nue. Sa femme a déjà quitté le foyer familial, lorsqu'il demande et obtient le divorce par un jugement du tribunal civil de la Seine du 14 janvier 1893, lequel indique que le domicile de l'épouse est inconnu. Juliette Louvet est devenue hôtesse dans un cabaret de Montmartre[54] et, parfois, est modèle de photographies d'art.

Les circonstances de la rencontre entre le prince et sa "bergère" ne sont pas connues ; elle a eu lieu en 1894 selon l'interview donnée par Juliette Louvet. Engagé dans la Légion étrangère, Louis II lui demanda de la suivre dans les villes de garnison où il était affecté. Après la naissance de leur fille à Constantine en 1898, ils rentrèrent en France où le futur souverain de Monaco, déçu par sa compagne[55], partit à la conquête de nouvelles aventures amoureuses, en particulier auprès d'actrices, mais sans

---

53 *Journal officiel de la République Française* n°0051 du 29 février 2008, p.3620.

54 Anne Edwards, *Les Grimaldi, Histoire d'une dynastie 1297-1993*, Belfond, 1993.

55 Selon le magazine *Aux écoutes* du 1er mars 1930, c'est parce que Juliette Louvet l'avait trompé qu'il la quitta : « La princesse héritière de Monaco est la fille d'une femme de mœurs légères, que le prince, qui en était fort épris, eût sans doute épousé si, au cours d'une croisière qu'il fit avec elle en mer, il ne l'avait surprise en conversation plus que galante avec un matelot de l'équipage. »

jamais oublier sa fille qu'il adorait et auquel il rendait visite très souvent.

Juliette Louvet est morte à Paris 16e arrondissement le 24 septembre 1930 à l'âge de 63 ans.

Une fois Charlotte adoptée par son père et désignée comme héritière de la principauté, il fallait lui trouver un mari afin qu'elle puisse avoir des enfants qui continueront la dynastie, mais celui-ci devait être un homme de très bonne famille qui, de surcroît, devait accepter de s'effacer. Ce sera le comte Pierre de Polignac issu d'une très ancienne famille noble. Le magazine *Aux écoutes* révèle :

« Comme la fille du prince de Monaco n'était pas d'un placement commode dans une maison souveraine qui ne se fût pas accommodée d'une alliance par trop naturelle, on lui chercha un époux parmi les jeunes gentilshommes qui, en France et ailleurs, s'intéressaient aux riches héritières. Le prince de Monaco, qui aime la France et qui l'a très bien servie dans un de nos états-majors pendant la guerre, dirigea ses investigations vers les milieux de l'aristocratie française et après bien des refus, il trouva le comte Pierre de Polignac, porteur d'un nom très beau mais dédoré.[56] »

Avant le mariage, célébré à Monaco le 18 mars 1920, le vieux souverain Albert Ier lui fit changer de nom, il ne s'appelle plus de Polignac, mais Grimaldi, afin que la dynastie des Grimaldi perdure. C'est par ce changement de patronyme que Rainier III et son fils Albert s'appellent Grimaldi alors qu'en réalité ce sont des Polignac.

En 1930, après la naissance de leurs deux enfants, Antoinette en 1920, et Rainier en 1923, les époux se séparent :

---

56 *Aux écoutes*, 1er mars 1930, p.15.

« La princesse héréditaire Charlotte veut renvoyer son mari, qui refuse de s'en aller ! Je ne veux plus vivre avec cet homme, dit-elle en substance. Je demande aux tribunaux de mon pays de prononcer sa déchéance, ainsi que la séparation de corps entre nous !! Et, passant de la parole aux actes, Charlotte Grimaldi, princesse de Monaco, fille aînée de Louis II et seule héritière de la couronne, s'est exilée volontairement en Italie, à Ospedaletti. Ce qui rend la situation terriblement compliquée, c'est que les deux conjoints sont parents de deux charmants enfants, le petit prince Rainier, âgé de 7 ans et la princesse Antoinette, âgée de 10.[57] »

En 1933, la Princesse Charlotte renonce à ses droits héréditaires au profit de son fils et obtient le divorce : « Par une lettre adressée au prince souverain, son père, la princesse héréditaire Charlotte vient de renoncer à ses droits héréditaires sur le trône de la principauté, au bénéfice de son fils, le prince Rainier, et de demander la dissolution définitive de son mariage avec le prince Pierre de Polignac. À la suite de cette lettre, le prince Louis de Monaco a donné acte à la princesse des résolutions qui font l'objet de sa requête.[58] » Cette renonciation en faveur de son fils sera réitérée à la majorité de Rainier, en juin 1944[59].

Dans la lettre qu'elle adresse à son père, Charlotte dit avoir fait son devoir : « Après avoir donné à ma famille et au pays, les deux enfants qui sont le légitime espoir de la dynastie, je crois avoir accompli mon devoir sans que la raison d'État me condamne à rester dans les liens d'un mariage contraire à mes

---

57 *L'Ouest-Éclair*, 23 février 1930, p.1.

58 *Le Petit Journal*, 19 janvier 1933, p.3.

59 *La Dépêche*, 24 juin 1944, p.1: « Le prince Rainier devient héritier du trône de Monaco »

sentiments au nom d'intérêts politiques dont je crains de n'avoir pas la force d'assumer la responsabilité.[60] »

En 1936, c'est à nouveau la guerre entre les anciens conjoints et on peut lire en une d'un journal ce titre choc : « Le prince de Pierre de Polignac porte plainte en rapt d'enfant contre son ex-femme, la princesse Charlotte de Monaco[61] ». *Le Matin* explique que la princesse Antoinette, âgée de seize ans, qui se trouvait chez son père à Paris était brusquement retournée auprès de sa mère et de son grand-père à Monaco, alors qu'un accord entre les époux l'obligeait à rester chez son père. Mais la plainte n'aboutit pas, les tribunaux français se déclarant incompétents, l'affaire étant monégasque[62].

Revenons au tour de passe-passe juridique qui avait permis à Charlotte de Monaco de devenir l'héritière de la principauté, au détriment de son lointain cousin Guillaume, duc d'Urach, comte de Wurtemberg qui avait le tort d'être Allemand. Celui-ci admis qu'en sa qualité d'étranger, il devait être écarté du trône monégasque, mais cela ne réglait pas le problème, car en renonçant à ses droits, le trône devait normalement revenir à un autre cousin, le comte de Chabrillan, qui lui était bien Français et pouvait donc prétendre à la souveraineté de Monaco. Une lettre écrite en octobre 1924 par le comte de Wurtemberg à son cousin, le comte de Chabrillan, nous éclaire :

« Mon cousin,

Le fait regrettable et de tout temps sincèrement déploré par nous tous que notre cousin commun, le prince Louis de Monaco,

---

60 *Le Matin*, 20 janvier 1933, p.1.

61 *Le Matin,* 20 mars 1936, p.1.

62 *Le Journal*, 26 mars 1937, p.4 : « La Cour de Paris dans le procès du prince et de la princesse de Monaco se déclare incompétente »

n'ait jamais voulu se marier, ouvre la douloureuse perspective de l'extinction complète, dans un avenir plus ou moins éloigné, de la ligne mâle de la famille de Monaco. Ma qualité universellement reconnue d'héritier légitime le plus proche impose à ma conscience le devoir le plus sacré de faire tout ce qui est humainement possible et de prendre en temps utile, toutes les mesures pour écarter le danger, malheureusement imminent après la mort du prince Louis, d'une succession illégitime qui violerait, d'une manière flagrante et scandaleuse, les principes imprescriptibles du droit et de l'honneur.

N'ayant qu'un seul et unique souci, celui de maintenir intact l'honneur de la famille souveraine de Monaco, et me rendant parfaitement compte que seule une succession française est possible à Monaco, je renonce en votre faveur, mon cousin, qui êtes, après moi et les miens, le plus proche héritier légitime de lignes féminines des Grimaldi, de tout temps appelées à succéder dans la souveraineté de Monaco, c'est-à-dire que je vous cède le pas, me réservant d'ailleurs, comme par le passé, après vous et les vôtres, ma qualité officiellement reconnue de membre de la famille princière de Monaco. Je fais cette renonciation au nom de mes enfants mineurs : Albert, Ewerard et Mahaut et je joins à cet acte les renonciations de mes enfants majeurs ainsi que celle de mon frère Charles.

Veuillez agréer, mon cousin, l'assurance de mon inaltérable attachement.

Guillaume, duc d'Urach, comte de Wurtemberg.»

La revendication du trône de Monaco par le comte Aynard de Chabrillan ne pouvait intervenir qu'à la mort de Louis II, laquelle n'aura lieu qu'en 1949, mais déjà en 1936 celui-ci manifestait son désaccord sur la transmission de la principauté à la princesse Charlotte :

« C'est arbitrairement que le prince Louis II de Monaco a institué la princesse Charlotte héritière et que cette dernière a renoncé à ses droits en faveur de ses deux enfants. La branche aînée s'éteint avec le prince légitime actuel et il ne reste plus que deux branches qui pourraient prétendre à bon droit à la succession. Or, le représentant de la seconde branche, le duc d'Urach Wurtemberg estime qu'il ne peut pas faire valoir ses droits en sa qualité de prince allemand et tous ses enfants ont suivi l'exemple de leur père : ils ont signé chacun un acte de renonciation en ma faveur, en 1924. (…) J'estime que mes droits restent inchangés, et je me considère comme l'héritier légitime de la principauté de Monaco.[63] »

Le 9 mai 1949, Louis II meurt ; son petit-fils, Rainier III, lui succède, sans que le comte de Chabrillan puisse s'y opposer. Rainier régnera pendant 55 ans.

Cette éviction de la souveraineté de Monaco a connu un rebondissement en 2018, soit un siècle après l'accord secret entre la France et Albert Ier, lorsque Louis de Causans, 44 ans, neveu de Xavier de Caumont La Force, dont la mère était une Chabrillan, famille à laquelle aurait dû revenir le trône de Monaco, engagea une procédure en dédommagement contre l'État français pour avoir favorisé la transmission de la principauté au profit de la fille naturelle de Louis II et au détriment de sa famille, qui à défaut de ce tour de passe-passe juridique, serait actuellement la famille régnante du Rocher. Il réclama 351 millions d'euros à la France en raison de cette éviction !

Louis de Causans s'en expliqua : « La vérité irrécusable des documents historiques me désigne comme un héritier au trône plus qu'Albert (…). Je ne considère pas une seconde mon cousin

---

[63] Le Petit Journal, 26 mars 1936, p.9.

Albert comme un usurpateur. C'est l'État français qui, par un tour de passe-passe, est à l'origine de cette situation ![64] »

Sa demande fut rejetée par le tribunal administratif.

En 1953, l'histoire semble se répéter, le prince Rainier va avoir 30 ans et n'est toujours pas marié. Le Conseil National monégasque s'en inquiète : « Le Conseil national monégasque aurait selon certaines informations adressé au prince Rainier III un mémoire soulignant la nécessité de mettre fin à son célibat prolongé et d'assurer la continuité des Grimaldi. On rappelle à ce propos qu'en novembre dernier le bruit avait couru que le Conseil de la Couronne avait effectué une démarche semblable.[65] »

En fait, comme son grand-père, Rainier aime les actrices, il finira par en épouser une. En 1953, il vit depuis six ans avec l'actrice Gisèle Pascal (1921-2007), mais celle-ci a été diagnostiquée comme étant stérile, or le devoir de Rainier est d'assurer la continuité dynastique. Il s'en séparera après avoir reçu cet avertissement et épousera Grace Kelly en 1956. Gisèle Pascal n'était en réalité pas stérile, en 1962, elle eut une fille avec l'acteur Raymond Pellegrin.

C'est un célibat prolongé que Rainier III reprochera à son tour à son unique fils Albert, lequel attendra d'avoir 53 ans pour convoler, après avoir eu, comme son arrière-grand-père Louis II, une fille naturelle, Jazmin Grace (née en 1992) et un fils naturel, Alexandre (né en 2003). L'avenir de la dynastie est assuré par la naissance de ses jumeaux en 2014 : Gabriella et Jacques.

---

64 *Paris Match*, 26 août 2008 : « Trône de Monaco : Louis de Causans réclame justice »

65 *La Bourgogne républicaine*, 21 mars 1953, p.6.

DE JACQUES LOUVET À ALBERT II DE MONACO :

Jacques Henri Louvet

Né le 30 septembre 1830 à Pierreval (Seine-Maritime)

Marié le 3 février 1852 à La Rue-Saint-Pierre (Seine-Maritime) avec Joséphine Elmire Piedefer

Décédé le 7 septembre 1910 à Rouen (Seine-Maritime) à l'âge de 79 ans

Juliette Louvet

Née le 9 mai 1867 à Pierreval (Seine-Maritime)

Mariée le 6 octobre 1885 à Paris 9eme avec Achille Delmaet

Relation avec Louis II de Monaco

Décédée le 24 septembre 1930 à Paris 16eme à l'âge de 63 ans

Charlotte Grimaldi

Née le 30 septembre 1898 à Constantine (Algérie)

Mariée le 18 mars 1920 à Monaco avec Pierre de Polignac

Décédée le 16 novembre 1977 à Paris 11eme à l'âge de 79 ans

Rainier III

Né le 31 mai 1923 à Monaco

Marié le 18 avril 1956 à Monaco avec Grace Kelly

Décédé le 6 avril 2005 à Monaco à l'âge de 81 ans

Albert II

Né le 14 mars 1958 à Monaco

Marié le 1er juillet 2011 à Monaco avec Charlene Wittstock

VICTOR HUGO : QUI ÉTAIT SON PÈRE ?

Victor Hugo ne serait pas le fils du général Hugo, mais de l'ami de celui-ci, le général Fanneau de la Horie, amant de sa mère, Sophie Trebuchet. Cette hypothèse a été émise en 1904 par Louis Le Barbier dans sa biographie du général de la Horie.

Victor Hugo est né le 26 février 1802 à Besançon, il est officiellement le fils de Léopold Hugo (1873-1828), général de l'Empire, et de Sophie Trébuchet (1772-1821). Il avait deux frères : Abel (1798-1855) et Eugène (1800-1837). La famille Hugo est originaire de Lorraine, le plus lointain ancêtre connu est Jean Hugo, laboureur, né à Vaudémont (Meurthe-et-Moselle) vers 1570, et mort à Juvaincourt (Vosges) en 1633. La famille est d'origine modeste : au fil des générations, les Hugo exerceront les métiers de laboureur, tailleur d'habits, cultivateur et négociant en bois.

Victor Hugo se marie l'année de ses 20 ans, le 12 octobre 1822, à Paris, avec Adèle Foucher (1803-1868). Le couple aura cinq enfants :

 - Léopold (1823-1823)

 - Léopoldine Hugo (1824-1843), morte noyée à Villequier (Seine-Maritime) avec son mari Charles Vacquerie.

 - Charles Hugo (1826-1871), journaliste.

 - François Victor Hugo (1828-1873), littérateur.

- Et Adèle Hugo (1830-1915), célibataire, morte dans une maison de santé à Suresnes (Hauts-de-Seine).

Victor Hugo a donc perdu de son vivant quatre de ses cinq enfants. Seul son fils Charles lui a donné une descendance. De son mariage avec Alice Lehaene (1847-1928), Charles Hugo a eu trois enfants : Georges (1867-1868), à nouveau Georges (1868-1925) et Léopoldine Clémence Adèle Lucie Jeanne (1867-1941) qui épousera le célèbre écrivain et journaliste Léon Daudet (1867-1942), puis le non moins célèbre commandant Charcot (1867-1936). Victor Hugo a une nombreuse postérité, son arrière-petit-fils, le peintre Jean Hugo (1894-1984) ayant eu sept enfants.

Les parents de Victor Hugo se sont rencontrés en 1796 à Châteaubriant (Loire-Atlantique), Joseph Léopold Sigisbert Hugo, qui se fait appeler Brutus Hugo, est alors un simple chef de bataillon, il ne sera nommé colonel qu'en 1808 et deviendra général l'année suivante. Leur mariage est célébré à Paris le 4 novembre 1797 et leur premier fils, Abel, naît l'année suivante à Paris.

Depuis 1793, Léopold Hugo est ami avec Victor Fanneau de la Horie, un officier de carrière né en 1766 à Javron-les-Chapelles (Mayenne). Leur amitié est née alors qu'ils étaient tous deux dans l'Armée du Rhin. Issu d'une famille de notables de la Mayenne, ayant fait ses études au lycée Louis-le-Grand de Paris, Victor Fanneau de la Horie, grimpera comme son ami Hugo, tous les échelons militaires. Ils seront tous deux nommés généraux. Mais en ce début de siècle, Victor de la Horie, général de brigade depuis 1800, est le protecteur de Léopold Hugo : il est dans l'intérêt pour le major Hugo, notamment pour son avancement dans la carrière militaire, d'avoir pour ami le chef d'état-major, puis général de la Horie[66]. C'est d'ailleurs ce dernier qui le présentera au général Moreau (1763-1813), lequel l'attachera à son état-major[67].

Ce n'est évidemment pas dans l'acte de naissance de Victor Hugo que l'on trouvera l'indice d'une paternité illégitime :

« Du huitième du mois de ventôse l'an dix de la République[68].

Acte de naissance de Victor Marie Hugo

Né le jour d'hier à dix heures demie du soir fils de Joseph Léopold Sigisbert Hugo natif de Nancy, Meurthe[69] et de Sophie Françoise Trebuchet native de Nantes, Loire inférieure, profession de chef de bataillon de la 20ᵉ brigade, demeurant à Besançon[70], mariés, présenté par Joseph Léopold Sigisbert Hugo, le sexe de l'enfant a été reconnu être mâle.

---

66 *Le Temps*, 6 mars 1934, Émile Henriot, Le général Hugo : « Léopold Hugo est nommé commandant à Hohenlinden, et il s'initiera à la diplomatie en prenant part aux négociations préliminaires à la paix de Lunéville, dont il fut fait gouverneur. Quelqu'un, dit-on, le protégeait et lui aurait valu cette faveur : le général La Horie, un vieil ami, qui l'était devenu du ménage. »

67 Géraud Venzac, *De Chateaubriand à Barrès. Aux pays de leur enfance*, F. Lanore, 1936, p.91.

68 27 février 1802.

69 Ce n'est que depuis 1871 que Nancy se trouve dans le département de la Meurthe-et-Moselle.

70 L'adresse précise n'est pas indiquée. Selon les recherches faites par des historiens, Victor Hugo est né dans un appartement situé au premier étage d'un immeuble situé au numéro 140 de la Grande Rue.

Premier témoins, Jacques Delélée[71], chef de brigade, aide de camp du général Moreau, âgé de quarante ans, domicilié audit Besançon.

Second témoin, Marie Anne Dessirier, épouse dudit Delélée, âgée de vingt cinq ans, domicilié à ladite ville.

Sur la réquisition à nous faite par ledit Joseph Léopold Sigisbert Hugo, père de l'enfant.

Et ont signé.

Constaté suivant la loi, par moi Charles Antoine Seguin, adjoint du Maire de cette commune faisant fonctions d'Officier public de l'état civil. »

Le génie littéraire de Victor Hugo transformera quelques décennies plus tard cet acte de naissance écrit en langage administratif et les circonstances de sa naissance en un des plus beaux poèmes de la langue française :

« Ce siècle avait deux ans[72] ! Rome remplaçait Sparte,

Déjà Napoléon perçait sous Bonaparte,

Et du premier consul, déjà, par maint endroit,

Le front de l'empereur brisait le masque étroit.

Alors dans Besançon, vieille ville espagnole,

Jeté comme la graine au gré de l'air qui vole,

---

71 Jacques Delélée, premier aide de camp du général Moreau. Mort au Portugal le 25 décembre 1810 lors des guerres napoléoniennes.

72 En réalité le siècle n'avait qu'un an, ayant commencé le 1er janvier 1801. Victor Hugo reconnut son erreur.

Naquit d'un sang breton et lorrain à la fois,

Un enfant sans couleur, sans regard et sans voix ;

Si débile qu'il fut, ainsi qu'une chimère,

Abandonné de tous, excepté de sa mère,

Et que son cou ployé comme un frêle roseau

Fit faire en même temps sa bière et son berceau.

Cet enfant que la vie effaçait de son livre,

Et qui n'avait pas même un lendemain à vivre,

C'est moi. »

(Feuilles d'automne, recueil de poèmes de Victor Hugo, 1831)

Il n'existe pas de preuve qu'en 1801 Sophie Trébuchet et Victor de la Horie – qui se sont rencontrés pour la première fois en 1799 - étaient déjà amants, mais voici ce qu'écrivit dans *Victor Hugo, cet inconnu*, Raymond Escholier (1882-1971), conservateur de la maison de Victor Hugo[73], auteur de huit livres[74] consacrés au grand écrivain et probablement le meilleur connaisseur de la vie de Victor Hugo :

« Besançon s'engourdit dans sa houppelande de givre et de neige... Ventôse – 7 ventôse de l'an X – 27 février 1802... Un grand feu de branches avive les raies tricolores de la tenture,

---

[73] Musée situé à Paris 6 place des Vosges dans l'appartement où Victor Hugo a vécu de 1832 à 1848.

[74] *Victor Hugo, le peintre, l'artiste* (1926), *La Vie glorieuse de Victor Hugo* (1928), *Victor Hugo par ceux qui l'ont connu* (1933), *La Place Royale et Victor Hugo* (1933), *Victor Hugo et les femmes* (1935), *Victor Hugo, cet inconnu* (1951), *Un amant de génie, Victor Hugo* (1952) et *Hugo, roi de son siècle* (1972).

illumine la glace à deux feuilles qui gardera toujours le souvenir de cette naissance. On attendait Victorine, et c'est Victor qui est venu... la nuit dernière à dix heures et demie... Victor comme son parrain le général Victor Fanneau de la Horie[75], dont Sophie a tant souhaité la présence... Chef d'état-major de Moreau, faisant sans cesse la navette entre le quartier-général de l'armée du Rhin et Paris, où Bonaparte et Carnot l'estiment fort et le reçoivent personnellement, la Horie ne recule pas devant les distances et les couvre à franc étrier. Aussitôt, répondant à l'appel de la femme aimée, le « vertueux La Horie », comme l'appelle le major Hugo, est accouru à Besançon, il y a quelques jours. Mais il a dû partir, la jeune mère n'attendant cette naissance que pour la fin de mars. N'importe ! Elle a revu l'homme de sa vie. »

Comme il n'existe aucune preuve formelle de la paternité de Victor de la Horie, Raymond Escholier semble procéder par allusions. On comprend que Madame Hugo a appelé auprès de lui Victor de la Horie, alors qu'elle ne doit pas tarder à accoucher et qu'elle est « la femme aimée » et lui « l'homme de sa vie. »

Cette naissance le 26 février 1802, laisse supposer une conception en mai 1801, mais l'enfant est né prématuré, chétif, contrairement à ses deux frères, à tel point qu'on ne le croit pas viable, ainsi que le raconte son biographe :

« Victor-Marie vivra-t-il ? C'est bien douteux. Il est si chétif ! « Pas plus long qu'un couteau ! » s'apitoie la maman désolée, les yeux obstinément attachés sur cet enfant sans couleur, sans regard et sans voix. Léopold-Sigisbert voudrait bien redresser ce cou qui ploie comme un roseau ; mais Sophie s'alarme et proteste. Non, rien ne peut faire que cette tête ne retombe ; on

---

[75] Victor Hugo n'a pas été baptisé. Pour son mariage à l'église, son père lui envoya un faux certificat de baptême indiquant qu'il avait été baptisé en Italie.

dirait qu'un poids trop lourd l'oppresse. La bonne Mme Delelée le met « au séjour ». Avant de l'emmailloter, elle étend ce corps fragile sur la blancheur des langes tièdes, elle l'expose à la chaleur de la flamme ; rien ne le réchauffe. Il ne crie pas, il ne pleure pas, il ne bouge pas. L'accoucheur a dit vrai. Ce n'est pas un berceau qu'il faut à cette minuscule momie.[76] »

Il est plus probable que Victor Hugo ait été conçu un mois plus tard, soit en juin 1801. C'est d'ailleurs cette date qui a été retenue par Max Gallo dans sa biographie de l'auteur des *Misérables*[77], précisant que l'enfant fut conçu à cette date lors du voyage de ses parents de Lunéville pour Besançon où Léopold Hugo venait d'être nommé. Mais en réalité, Léopold Hugo ne fut muté à Besançon qu'en août 1801 et il s'y est rendu seul, sa femme ne le rejoignit que quelques semaines plus tard.

Dans une lettre datée du 19 novembre 1821, Léopold Hugo, heureux des premiers succès littéraires de son fils, lui adressa ces mots :

« Créé, non sur le Pinde[78], mais sur un des pics les plus élevés des Vosges, lors d'un voyage de Lunéville à Besançon, tu sembles te ressentir de cette origine presque aérienne et ta muse est constamment sublime. »

Le point culminant des basses-Vosges étant le Donon et celui-ci se trouvant sur la chemin allant de Lunéville à Besançon, on en déduit que c'est là que le futur grand poète fut conçu. Une petite plaque de pierre gravée rappelant cette conception y fut même apposée dans les années 1960, près d'un sentier.

---

76 Raymond Escholier, *Victor Hugo cet inconnu*, Librairie Plon, 1951.

77 Max Gallo, *Je suis une force qui va !* Tome I, XO, 2001.

78 Montagne grecque dédiée à Apollon.

Péremptoire, elle affirme qu'*EN CE LIEU LE V FLOREAL AN IX FUT CONÇU VICTOR HUGO.*

Mais dans sa lettre, Léopold Hugo parle d'un des pics les plus élevés des Vosges, sans pour autant indiquer qu'il s'agit du Donon et le 5 floréal an 9 correspond au 25 avril 1801, soit dix mois et un jour avant la naissance de Victor Hugo, ce qui est difficilement crédible pour un enfant né précocement. En outre, Léopold Hugo ne mentionne aucune date dans sa lettre. Cette plaque est donc historiquement fausse.

Quelques semaines après sa naissance de son fils, Léopold Hugo est muté à Marseille où il doit prendre le commandement d'un bataillon. La famille suit, mais quelques jours après leur arrivée, Léopold Hugo envoie sa femme à Paris pour qu'elle sollicite de Joseph Bonaparte, son protecteur, une nouvelle place, car il s'est brouillé avec son général de brigade.

Il est alors envoyé en Corse et à l'île d'Elbe ; il se rend avec ses enfants à Portoferraio, la principale ville de l'île d'Elbe. Sa femme, les y rejoint en juillet 1803, pour presque aussitôt repartir en France avec ses trois enfants. Le couple ne s'entend plus.

Installée en février 1804 à Paris, Sophie Trebuchet voit régulièrement Victor de la Horie. En mars 1804, son amant est suspecté d'avoir participé à la conspiration menée par les généraux Pichegru et Moreau, dont il est proche. Grâce à l'aide de Sophie Trébuchet, il se cache. Il est condamné à mort par contumace. Sa dernière cachette est dans une vieille chapelle désaffectée de l'ancien couvent des Feuillantines où vit Madame Hugo et ses trois enfants, dont il devient le père de substitution : « Les enfants aimaient beaucoup le parrain de Victor. Il savait admirablement s'amuser avec eux, les faire sauter, surtout leur raconter le soir sur le perron de belles et interminables histoires. D'ailleurs, il se faisait aussi un peu leur précepteur, revoyait leurs devoirs et leurs cahiers, complétait leurs classes de latin, assez pour que Victor ait pu lire Tacite à huit ans.[79] »

En décembre 1810, il est arrêté par la police chez Sophie Trebuchet et incarcéré au donjon de Vincennes, puis à la prison de la Force. Bien que condamné à mort, Napoléon ne souhaite pas son exécution. Interrogé par son ministre de la police, Joseph Fouché, l'Empereu lui répond : « Ce citoyen ne doit pas rester en France. » Il en est de même en 1812, lorsque Napoléon lui propose le bannissement à vie aux États-Unis, mais Victor de la Horie, voulant rester auprès de sa bien-aimée, essaye de gagner du temps, il dit préférer l'Italie et ne quitte pas la France. En octobre de la même année, il est impliqué dans la tentative de coup d'État du général Malet. Lors de son coup de force, le général Malet qui affirme que l'empereur est mort à Moscou fait libérer des généraux qui soutiennent son projet, dont Victor de la Horie qui prend possession du ministère de la Police. Mais le colonel Doucet, chef d'état-major de la première région militaire, sait qu'en réalité l'Empereur n'est pas mort et décide de faire arrêter les conspirateurs et les fait rapidement passer devant un tribunal militaire qui condamne à mort ses chefs. Le général Malet et Victor Fanneau de la Horie sont fusillés le 29 octobre 1812. Victor Hugo a alors 10 ans.

Victor Hugo a-t-il évoqué cette possible paternité du général de la Horie plutôt que celle du général Hugo ? Non. Peut-être n'en a-t-il jamais rien su, ne s'est jamais douté de rien, et s'il s'est posé la question, sa mère, qu'il perdit quand il avait 19 ans, ne lui en a jamais rien dit. Mais ce silence pourrait aussi s'expliquer par le respect absolu qu'il estimait devoir à ses parents[80].

En 1882, l'archéologue et historien d'art Henri Descamps (1815-1891), vient lui rendre visite à Paris et lui dit qu'après

---

79 Géraud Venzac, *De Chateaubriand à Barrès. Aux pays de leur enfance*, F. Lanore, 1936, p.102.

avoir fait des recherches dans les archives, il avait vu des erreurs dans sa biographie, publiée en 1863, intitulée *Victor Hugo raconté par un témoin de sa vie*. Cette biographie était parue sans nom d'auteur, mais Henri Descamps savait que l'auteur en était Victor Hugo lui-même, aidé par sa femme... Henri Descamps avait notamment lu page 11 du tome I que la famille maternelle de Victor Hugo avait pour chef un armateur de Nantes nommé Trébuchet et qu'il « était un de ses honnêtes bourgeois qui ne sortent jamais de leur ville. » Or, Henri Descamps s'était rendu à Nantes pour consulter l'acte de baptême de Sophie Trébuchet, et voici ce qu'il avait découvert à la date du 19 juin 1772 :

« Le dix-neuf de juin mil sept sent soixante-douze a été baptisée dans l'église paroissiale de Saint-Laurent de Nantes, par nous Recteur soussigné, Sophie Françoise, née de ce jour, à cinq heures du matin, en cette paroisse Haute-Grande-Rue, fille de dame Renée-Louise Le Normand et de noble homme Jean François Trebuchet, capitaine de navire, parrain a été noble homme René Le Normand fils, et marraine demoiselle Renée Françoise Robien, ledit sieur René Le Normand fils, oncle maternel de l'enfant, et ladite demoiselle Robin cousine germaine de l'enfant du côté paternel, lesquels signent avec nous. Le père absent. » (Archives départementales de la Loire-Atlantique, registre de la paroisse Saint-Laurent de Nantes, année 1772, cote 3E 109/106).

Son grand-père n'était pas armateur, mais capitaine de navire, il n'était pas bourgeois, mais noble, et il lui arrivait de sortir de Nantes[81] !

---

80 Géraud Venzac, *op.cit.*, p. 97 : « Dans *Victor Hugo raconté par un témoin de sa vie*, avec une noble piété filiale, il n'a jamais voulu faire la moindre allusion au motif de ces démêlés. Ni sur son parrain le général Horie, ni sur la « comtesse de Salcano », il ne dira rien qui puisse atteindre la mémoire de sa mère et de son père. »

Henri Descamps raconte :

« Nous avons placé sous les yeux de Victor Hugo lui-même l'acte de naissance de sa mère ; il ignorait absolument qu'elle fut d'origine noble. Il ignorait également que sa mère ait eu du sang marin dans les veines. »[82]

Assurément, Victor Hugo connaissait mal l'histoire de sa famille. Toutefois, Henri Descamps se trompait, ça n'est pas parce que Jean François Trebuchet était qualifié de noble homme qu'il appartenait à la noblesse. « Noble homme » signifie que la personne vit noblement, honorablement, mais ne signifie pas qu'elle est aristocrate ; d'ailleurs le père de Jean François Trebuchet était maître fondeur près de Nantes et ne portait aucun titre de noblesse.

On peut aussi lire dans *Victor Hugo raconté par un témoin de sa vie* qu'il descend de Georges Hugo, capitaine des gardes du duc de Lorraine, anobli en 1535, mentionné dans *l'Armorial général* d'Hozier. Victor Hugo le croyait ; on a ainsi retrouvé une lettre datant 1829 dans laquelle, s'adressant au duc d'Orléans, futur Louis-Philippe, il écrit : « Mon dévouement au roi est, en effet, sincère et profond. Ma famille noble dès l'an 1531, est une vieille servante de l'État, mon père et mes deux oncles l'ont servi quarante ans de leur épée[83]. »

En réalité, il y avait plusieurs familles Hugo en Lorraine au XVIe siècle et Victor Hugo ne descendait pas de l'anobli Georges Hugo.

---

81 D'autant plus vrai que Jean François Trebuchet est mort en 1783 à bord de son navire près de l'île Maurice (océan Indien).

82 *Le Figaro*, 15 juillet 1885, *Les origines de Victor Hugo* par Macé de Challes (pseudonyme d'Henri Descamps).

83 *L'Avenir libéral*, 16 novembre 1871, p.2.

Lorsque Léopold Hugo mourut en 1828, son faire-part de décès indiquait qu'il était comte[84], son fils aîné Abel également, son deuxième fils Eugène, vicomte et Victor Hugo, baron[85] !

Dans le faire-part de naissance de son fils François-Victor, en octobre 1828, Victor Hugo reprit ce titre usurpé de baron.

Ces prétentions nobiliaires agaçaient, surtout de la part d'un homme qui se disait républicain et proche du peuple. En 1883, l'écrivain Edmond Biré, après avoir fait des recherches généalogiques démontrant que Victor Hugo ne descendait pas de la noble famille Hugo, qui à l'époque avait encore son représentant en la personne de Constantin Henry Conrad Lothard Hugo de Spitzemberg, né le 16 octobre 1868 à Berlin, mais d'une humble famille Hugo, s'emporta :

« Que M. Victor Hugo renonce donc à falsifier d'Hozier pour se forger une généalogie menteuse : qu'il ne rougisse plus d'avoir pour aïeul un honnête ouvrier, et un honnête cultivateur pour bisaïeul ; qu'il cesse de prêter à rire aux gens en se faisant – lui, qui est presque l'égal de Corneille et de Molière – l'émule de M. Jourdain ! Et encore M. Jourdain était-il moins ridicule ! Lui, du moins, n'était pas républicain ![86] »

---

84 En 1810, Léopold Hugo aurait été fait comte Hugo de Cogolludo y Sigüenza par le roi Joseph durant la campagne d'Espagne. Dans une lettre datant de 1825 au Conseil du Sceau publiée dans *Victor Hugo, Correspondance familiale et écrits intimes*, Laffont, « Bouquins », 1988 ; t.1, p.628, il déclare avoir perdu les documents lui donnant ce titre au cours de la bataille de Vittoria. Il n'existe aucune preuve qu'il ait été fait comte espagnol.

85 *Le Temps,* 30 juin 1880, reproduisant le faire-part de décès de Monsieur le comte Joseph-Léopold-Gigisbert Hugo.

86 *Le Figaro, Supplément littéraire du dimanche*, 12 mai 1883, Les ancêtres de Victor Hugo.

Il n'y a certes pas de certitude absolue que Victor Fanneau de la Horie était le père de Victor Hugo, mais un faisceau d'indices : quand Victor Hugo a été conçu, celui-ci connaissait et fréquentait Sophie Trebuchet, cette dernière voulait qu'il soit auprès d'elle lors de son accouchement, ils furent amants, les époux Hugo se sont séparés peu après la naissance de Victor, le général de la Horie était son « parrain » alors que Victor Hugo n'a pas été baptisé et il s'occupa de son éducation.

La thèse de la paternité du général de la Horie fut reprise en 1982 par Geneviève Dormann dans son *Roman de Sophie Trébuchet*[87] : « La Horie a-t-il été, en réalité, le vrai père de Victor Hugo ? Il me plaît de le croire » a écrit la romancière à la fin de son livre…

---

87 Geneviève Dormann, *Le roman de Sophie Trébuchet*, Albin Michel, 1982.

HERVÉ BAZIN (1911-1996), UNE FAMILLE D'ÉCRIVAINS

Il est difficile de déterminer l'influence, consciente ou inconsciente, que pourraient avoir nos ancêtres sur nos choix de vie, en particulier sur le choix d'un métier. En faisant des recherches généalogiques, on peut parfois être surpris de découvrir qu'on exerce la même profession qu'un lointain ancêtre. En ce qui concerne Hervé Bazin, cette influence est flagrante, puisque quatre au moins de ses ancêtres furent écrivains. Mais pour Hervé Bazin, devenir écrivain fut un choix conscient, car l'auteur de *Vipère au poing* a baigné dès son plus jeune âge dans les livres et la littérature. Il n'ignorait pas que dans sa famille, on aimait écrire ; un psychiatre lui a même dit un jour : *trop de plumitifs dans votre famille ! Nous savons bien que le besoin d'écrire est à la fois une forme de névrose et une façon de la soigner*[88].

Jean-Pierre Hervé-Bazin est né le 17 avril 1911 à Angers (Maine-et-Loire) et est mort dans la même ville le 17 février 1996. Il était le fils de Jacques Hervé-Bazin (1882-1944), avocat, magistrat et enseignant, et de Paule Guilloteaux (1890-1960), la célèbre Folcoche[89], immortalisée dans *Vipère au poing* (1948) et

---

[88] Hervé Bazin, *Abécédaire*, Éditions Grasset et Fasquelle, 1984.

[89] La Folcoche est le nom donné par les fermiers à une truie qui mettant bas dévore aussitôt ses petits.

ses suites *La Mort du petit cheval (1950)* et *Cri de la Chouette (1972)*.

Son grand-père Ferdinand Hervé (1847-1889), avocat, professeur de droit, fondateur de l'université catholique d'Angers, épousa en 1869 Marie Élisabeth Bazin (1850-1919). À compter de son mariage, il ne se fit plus appeler qu'Hervé-Bazin[90]. Son fils Jacques porta aussi le double nom Hervé-Bazin ; en mars 1922, il fit entériner cet usage par décret[91].

Jean-Pierre Hervé-Bazin a failli changer de nom et porter celui de sa mère, ainsi qu'il le rappelait en 1992 : « J'avais entendu parler de l'intention de mon grand-père, le sénateur, de faire jouer en ma faveur la loi de 1919 autorisant les parents d'un fils unique tué à la guerre à transmettre leur nom à un petit-fils né d'une de leurs filles. Une adoption, en somme, qui eût fait mon affaire ! Mon père s'y opposait au nom de l'égalité de ses fils et plus probablement de l'héritage.[92] » Hervé Bazin se trompait, la loi datait de 1923 et relever le nom d'un oncle mort à la guerre n'aurait pas fait de lui un héritier direct de ses grands-parents, car cette procédure n'avait pas les effets juridiques de l'adoption.

Hervé Bazin connaissait bien ses ancêtres et en parlait volontiers : « Les Bazin ont appartenu à la Vendée militaire par François-Nicolas Bazin, régisseur des biens du marquis de Colbert au château de Maulévrier. "Capitaine de paroisse"

---

90 *Les Contemporains*, 5 mai 1895, portrait de Ferdinand Hervé-Bazin par L. Bretaudeau : « Ferdinand était si bien entré dans sa nouvelle famille, qu'il en prit le nom à dater du jour de son mariage, et l'ajouta au sien. Ferdinand Hervé devint Hervé-Bazin. »

91 *Dictionnaire des changements de noms de 1803 à 1956*, par l'archiviste Jérôme, 1957. Par décret du 29 mars 1922, Jacques Ferdinand Marie Pierre Hervé est autorisé à changer de nom et à s'appeler dorénavant Hervé-Bazin.

92 *Hervé Bazin, entretiens avec Jean-Claude Lamy*, Stock, 1992.

d'abord, il suivit ensuite son ami Stofflet, ancien sous-officier lorrain, chef des gardes au château. Devenu son lieutenant, il prit part à la bataille des Ponts-de-Cé[93]. Du côté des Hervé, on était royaliste d'aussi bon ton. »

Et précisait : « Ma famille paternelle appartient à l'austère bourgeoisie catholique et terrienne de l'Ouest. Des ultramontains ! Des gens dont on n'a plus aucune idée aujourd'hui et dont les principes contraignants étaient vécus comme la rançon de leurs avantages ! Angevins avec certitude depuis le XVIe siècle, juristes pour la plupart depuis Claude Bazin, contrôleur des fermes (1680), ils n'ont jamais ni monté ni descendu durant tout ce temps. Jusqu'en 1950, leurs idées, leurs mœurs avaient un bon retard d'un siècle.[94] »

Dans un entretien biographique, Hervé Bazin dit qu'il a longtemps dû et su se passer d'argent, mais la découverte d'un article de presse datant de 1936 révèle qu'il fut condamné à deux ans de prison pour escroquerie :

« En sa qualité de surnuméraire des Postes, Jean-Hervé Bazin (sic), il faut en convenir, avait quelques connaissances en matière de mandats… Mais au lieu d'exercer honnêtement son métier au guichet où il était affecté, le jeune homme, docteur en droit, apparenté à la famille de l'illustre écrivain, avait trouvé plus rationnel de commettre des escroqueries en touchant de faux mandats. Bientôt révoqué pour indélicatesse, Bazin fut arrêté un peu plus tard, puis grâce à certaines interventions, interné à l'asile de Perray (Vaucluse). Il ne tarda pas à s'en évader. Et c'est ainsi que, sous les noms de Trevelin, Guillotin, Lambry, Hautpois et enfin vicomte de Roince, il réussit en moins d'un an à toucher

---

[93] Bataille qui le 26 juillet 1793 opposa les troupes républicaines aux Vendéens. Ces derniers l'emportèrent.

[94] *Hervé Bazin, entretiens avec Jean-Claude Lamy*, op.cit.

près de 150.000 francs de faux mandats. Condamné par défaut à deux ans de prison le 16 octobre 1935, le faux vicomte, qui habitait rue du Levant, restait introuvable. Mais tout a une fin. Hier, rue de Douai, il était arrêté alors qu'il venait de percevoir un faux mandat de 4.000 francs au bureau de poste de la rue Duperré. Jean-Hervé Bazin a pris cette fois, non le chemin de l'Infirmerie spéciale, mais celui de la Santé.[95] »

Le scandale a dû être considérable dans la famille Hervé-Bazin très honorablement connue, l'article ne laissant aucun doute sur les liens de parenté entre le jeune escroc et le célèbre écrivain René Bazin, très apprécié dans les milieux catholiques traditionalistes. On peut donc dire que Folcoche avait raison : son fils était de la graine de voyou…

Hervé Bazin se maria quatre fois et eut sept enfants. Son frère cadet, Pierre (1912-2005), surnommé *Crapette*, eut, quant à lui, douze enfants ! Hervé-Bazin avait seulement 22 ans lors de son premier mariage et eut un fils en 1934, auquel il donna le prénom de son père, Jacques.

Mais le couple se sépara rapidement : « Elle avait vingt ans, un nom breton, des parents nantais, une fortune de cheveux blonds, mais pas un sou. Nous avons eu tout de suite les pires difficultés avec nos deux familles. Épousée en 1934, elle m'a donné un fils, qui l'a à peine connue. Elle ne s'est en effet plus occupé de lui après notre séparation et nous ignorons absolument ce qu'elle a pu devenir depuis près d'un siècle. Par acquit de conscience, je fais venir tous les deux ou trois ans son acte de naissance : aucune mention de décès n'y figure et jusqu'ici, elle est donc vivante.[96] »

---

95 *L'Œuvre,* 8 novembre 1936, p.5.

96 *Hervé Bazin, entretiens avec Jean-Claude Lamy, op.cit.* Odette Danigo est morte le 24 juin 2003 à l'âge de 89 ans.

Ensuite, il épousa en 1948, année de la parution de *Vipère au poing* qui le lança comme écrivain à succès, Jacqueline Dussollier (1920-2007). Il eut avec sa deuxième femme quatre enfants, nés en 1948, 1950, 1953 et 1957. Il divorça en 1967 pour épouser Monique Serre (1933-2018) avec laquelle il a eu un fils, Claude, né en 1970. Puis Hervé Bazin divorça pour se remarier en 1987 avec Odile L'Hermitte (1950-2017) avec laquelle il avait eu un fils, Nicolas, l'année précédente alors qu'il avait 75 ans.

Hervé Bazin est un cas exceptionnel, peut-être unique en France, d'un homme qui devint père et arrière-grand-père la même année. En effet, lors de la naissance de son dernier fils en 1986, son fils aîné, Jacques (1934-1975), devenait posthumément grand-père.

Quant à la vipérine Folcoche, elle mourut assez ironiquement chez son fils abhorré le 3 décembre 1960 à Chelles (Seine-et-Marne) : « De 1955 à 1960, nous nous sommes revus cinq ou six fois, nous avons entretenu des rapports ambigus. En novembre 1960, elle a eu une attaque à Paris et, d'autorité, mon adresse figurant au Bottin, on l'a transportée chez moi où elle est décédée, trois jours après, dans la chambre d'ami de ma villa de Chelles.[97] » Madame Hervé-Bazin mère conserva son mauvais caractère jusqu'à la fin, après avoir demandé l'extrême-onction, elle s'est écriée : « Bon, ça va, c'est la fin, pas la peine de traîner, je n'ai pas envie de rester paralysée ! », puis elle tomba dans le coma et mourut. Le lendemain, Hervé Bazin recevait un appel téléphonique d'un notaire l'informant que sa mère l'avait déshérité.

Tant dans la famille Hervé que dans la famille Bazin, on aimait écrire, si l'on en juge par le nombre d'ancêtres ou cousins d'Hervé Bazin qui ont pris la plume.

---

[97] *Hervé Bazin, entretiens avec Jean-Claude Lamy*, op.cit.

Ferdinand Hervé (1847-1889), son grand-père

Né le 11 juin 1847 au manoir de Rousson à Brain-sur-l'Authion (Maine-et-Loire), époux de Marie Bazin, Ferdinand Hervé est élevé dans un milieu royaliste et catholique. Il n'a que huit ans lorsqu'il perd son père et en a dix-sept lorsque sa mère meurt. Après l'obtention de son baccalauréat ès lettres, il poursuit ses études et obtient le diplôme de docteur en droit. Devenu avocat, mais gagnant médiocrement sa vie, il s'engage dans la création de l'Université catholique d'Angers où il devient professeur de droit et d'économie politique.

En 1881, il fonde *Le Petit Angevin*[98] dans le but de diffuser la parole royaliste dans les milieux populaires de l'Anjou. Il en est le rédacteur en chef. Sous le pseudonyme de Charles Saint-Martin, il y publie en feuilletons plusieurs romans tels que *Le Drame du marché noir*, *La Mort d'un forçat*, *La Barque rouge*. Ses romans rencontrèrent le succès. Sa plus grande réussite fut *Rouget ou le Braconnier d'Anjou*, d'après la vie de Louis Rouget, dit Rouget le Braconnier (1817-1858), qui fut adapté au cinéma en 1989 sous le titre de *Rouget le Braconnier*.

Hervé Bazin précisait qu'à chaque fois qu'un feuilleton de son grand-père était publié dans *Le Petit Angevin*, son tirage grimpait. Il avait également remarqué que le roman de son grand-père avait fortement inspiré Maurice Genevoix :

« L'histoire ressemble beaucoup à celle de Raboliot. Maurice Genevoix s'en est certainement inspiré, il y a deux scènes dans son livre qu'on retrouve dans celui de mon grand-père.[99] »

---

98 En septembre 1883, le journal pris pour titre *L'Anjou*. Il cessa de paraître en 1903.

99 *Hervé Bazin, entretiens avec Jean-Claude Lamy, op.cit.*

Outre ses romans écrits sous pseudonyme, Ferdinand Hervé-Bazin publia sous son nom des livres plus sérieux : *Notions d'économie politique* (1880), *La Monarchie, selon le programme du roi* (1882), *Les Grandes Journées de la chrétienté* (1886), un ouvrage dont le but était de démontrer que, dix fois au moins, dans les grandes journées de Tolbiac, de Poitiers, etc., la chrétienté a sauvé le monde de la barbarie païenne, sarrasine, lombarde ou turque. Deux autres œuvres, *Les Grands ordres et congrégations de femmes* et *Le Jeune Homme chrétien*, furent publiées à titre posthume en 1889.

Ferdinand Hervé-Bazin vit avec sa femme et ses nombreux enfants au château du Patys, à Segré-en-Anjou (Maine-et-Loire). Plus tard, ses trois petits-fils, qui ne l'ont pas connu, y vivront et Hervé Bazin en fera le cadre de son roman *Vipère au poing* en l'appelant la *Belle Angerie*.

Se dépensant sans compter, Ferdinand Hervé-Bazin meurt d'une congestion cérébrale le 8 janvier 1889 à Angers, à l'âge de 41 ans. Le lendemain, annonçant son décès, *Le Soleil* indique qu'il était « l'un des hommes les plus capables et les plus honorés d'Angers. Un orateur convaincu et élégant, écrivain très brillant, homme de cœur et d'action, toujours militant pour le bien. Il avait forcé l'estime de ses adversaires par la droiture et la sincérité de sa polémique, par la haute honorabilité de son caractère[100] ».

Deux de ses filles sont entrées dans les ordres et un de ses fils, Michel Hervé-Bazin (1887-1987) devint prêtre. Son petit-fils, Michel Viot (1924-2007), connu pour avoir été l'aumônier des Scouts et Guides de France, fut prêtre.

---

100 *Le Soleil*, 9 janvier 1889, p.2.

Marie Bazin (1850-1919), sa grand-mère

Née le 6 octobre 1850 à Angers, mariée avec Ferdinand Hervé le 7 août 1869, morte en son domicile, 5 rue du Temple, dans la même commune le 20 novembre 1919, Marie Bazin était la fille d'Alfred Bazin (1821-1872), avocat, et d'Élisabeth Meauzé (1831-1891). Bien que mère de huit enfants, elle trouva – comme son mari et son frère, membre de l'Académie française - le temps d'écrire des romans. Ceux-ci étaient principalement destinés à un lectorat féminin. Ses romans étaient d'abord publiés sous forme de feuilleton dans un journal, puis édités en livres.

En 1885, paru *Livadia* présenté ainsi : « la comtesse Livadia est une jeune et belle Russe qui a épousé le marquis Louis d'Ardennes et qui est amenée dans un château du Limousin. Bientôt, la solitude pèse à la jeune femme ; son hostilité contre tout ce qui l'entoure et notamment contre le culte catholique, amène une lutte aiguë entre elle, son mari et la marquise d'Ardennes, sa belle-mère, dont l'image exquise est dessinée avec un grand art… »

D'autres romans suivirent : *Messieurs de Cisay, Vieille cigale,* et *La Dernière Bataille du général Berger*.

Comme il se devait dans la bonne bourgeoisie, et peut-être pour ne pas faire de l'ombre à son mari et à son frère, Marie Bazin écrivait sous le nom de plume de Jacques Bret. Hervé Bazin et son frère aîné furent élevés par elle : « Le mariage de mes parents eut lieu le 14 janvier 1909 à Paris. Mon frère Ferdinand est né neuf mois après. Il ne restera que trois ou quatre mois avec ma mère, rue Du Bellay, où habitaient mes parents. Horrifiée par la façon dont sa bru s'y prenait avec le bébé, grand-mère le lui enleva. Elle en fit autant dès ma naissance, ainsi qu'à celle de mon frère cadet. Nous vivions heureux chez ma grand-mère, avec Mlle Lion, la gouvernante, et Alphonsine, la bonne sourde et muette. L'hiver, nous habitions Angers et, dès la belle saison, le château du Patys, près de Sergé. Il s'ensuit que nous déménagions deux fois par an. Lorsque se pointait la grande charrette du jardinier Perrot, tirée par deux percherons, c'était le signal du départ : grand-mère emportait son piano, son fauteuil préféré et la batterie de cuisine en cuivre qu'elle ne possédait pas en double. Si elle avait vécu dix ans de plus, en somme, j'aurais eu vingt et un ans lors de sa disparition et *Vipère au poing* n'aurait jamais été écrit, puisque c'est cette disparition qui entraîne le retour de mes parents.[101] »

René Bazin (1853-1932) de l'Académie française, son grand-oncle

Né le 26 décembre 1853 à Angers, mort le 20 juillet 1932 à Paris, René Bazin, professeur de droit, commença sa carrière littéraire en écrivant des vers. Quelques années plus tard, son roman *Ma Tante Giron* fut remarqué par Ludovic Halévy, membre de l'Académie française, qui le proposa sans succès pour le prix Montyon de ladite académie. Déçu par cet échec, Ludovic Halévy en parla à son ami Georges Patinot, directeur du *Journal des débats politiques et littéraires*, lequel contacta le jeune auteur pour lui proposer de publier dans son journal une de ses œuvres. Au total, René Bazin écrivit plus de cinquante romans, dont certains, *La Terre qui meurt* et *Les Oberlé,* eurent beaucoup succès et lui valurent d'être élu à l'Académie française en 1903.

À sa mort, en 1932, on salua celui qui « représentait avec succès une des formes les plus respectables du roman français : celle qui prétend faire « servir » la littérature en lui demandant des leçons de morale, des exemples de noblesse, la valeur d'un cordial pour l'esprit et pour le cœur.[102] »

---

101 *Hervé Bazin, entretiens avec Jean-Claude Lamy, op.cit.*

102 *La Petite Gironde,* 22 juillet 1932, p.1.

René Bazin s'était intéressé à l'histoire de sa famille, voici ce qu'il écrivit à son sujet :

« Par mes parents, du côté maternel, j'appartiens à la Vendée militaire. Mon trisaïeul, Louis Bazin, né vers 1725, était feudiste et huissier près le grenier à sel de Villiers. Mon bisaïeul, Nicolas Bazin (1754-1830), régisseur des biens du comte de Colbert au château de Maulévrier, partit avec Stofflet[103], garde-chasse au même château, et fit, en qualité de lieutenant de Stofflet, la Grande Guerre de 1793 à 1800. J'ai son portrait, un très beau pastel une tête ferme aux yeux clairs. Après la Révolution, il devint greffier à Segré. Mon grand-père, son fils, fut également greffier et vint s'établir à Angers. Il avait travaillé, dans sa jeunesse dans l'atelier de Coignet[104], et possédait, malgré son peu de fortune, une centaine de tableaux, achetés un à un, et au milieu desquels il vivait.[105] »

Hervé Bazin n'appréciait guère son oncle : « Frère de grand-mère Marie, il avait huit enfants. On se moquait tout de même un peu entre nous de sa réputation dévote. Mon père, son filleul, l'appelait la brosse à reluire.[106] »

Louis René-Bazin (1892-1973), son cousin

Né le 28 mars 1892 à Angers (Maine-et-Loire), mort à Clichy (Hauts-de-Seine) le 24 juin 1973 à l'âge de 81 ans, Louis Bazin est le septième enfant de René Bazin, le grand écrivain de la famille, et donc le neveu de Marie Bazin, grand-mère d'Hervé

---

103 Jean-Nicolas Stofflet (1753-1796), major-général de l'armée royaliste, ayant combattu durant la guerre de Vendée.

104 Jules Coignet (1798-1860), peintre de l'École de Barbizon.

105 *Comœdia*, 25 juillet 1932, p.3. Lettre de René Bazin publiée après sa mort.

106 *Hervé Bazin, entretiens avec Jean-Claude Lamy, op.cit.*

Bazin. En 1921, une ordonnance du président du tribunal civil d'Angers l'autorise à prendre pour patronyme René-Bazin, soulignant ainsi sa filiation avec le prestigieux écrivain.

Faisant partie de la génération qui fut appelée à combattre dès août 1914, son courage lui valut plusieurs citations : « M. Louis-René Bazin (sic), lieutenant au 68e régiment d'infanterie : jeune commandant de compagnie ; étant en réserve au point le plus bombardé du secteur du bataillon, n'a cessé, parcourant les tranchées, de donner à ses hommes l'exemple du courage le plus résolu. Le jour de l'assaut, 5 novembre 1916, a entraîné superbement sa troupe. A été blessé. C'est la troisième citation de ce brave. Parti en août 1914, comme brigadier de hussards, il entre sur sa demande, dans l'infanterie. Il a été blessé deux fois. M. Louis Bazin est l'un des fils de notre éminent compatriote, M. René Bazin, de l'Académie française.[107] »

La guerre terminée, la Croix de guerre décernée, il se marie en 1919 avec Marie-Hélène Le Chevalier et l'année suivante, outre la naissance de son fils Georges, reçoit la Légion d'honneur à titre militaire.

En 1929, il est critique littéraire dans *La Patrie*[108] et publie des nouvelles dans *Excelsior*[109]. L'année suivante, son roman *Quand le mistral s'apaise* paraît aux éditions Louis Querelle. Pour présenter au public son livre, son éditeur indique qu'« Un nom célèbre est un lourd héritage. Par ce roman, Louis René-Bazin se révèle un écrivain-né. » Comme beaucoup de premiers romans, *Le Mistral s'apaise* pourrait être teinté d'une large part autobiographique. En voici le sujet : « Bernard Danier, malgré un

---

107 *Le Petit Courrier*, 9 décembre 1916.

108 *La Patrie, organe de la défense nationale*, quotidien fondé en 1841 et ayant cessé de paraître en 1937.

109 *Excelsior*, quotidien ayant paru de 1910 à 1940.

voyage en Amérique et la longue épreuve de la guerre, n'a pu s'affranchir de l'autorité d'un père sectaire, despote, aux vues étroites. Faible et sans volonté, il se laisse marier dans les pires conditions...[110]»

Il semble que Louis René-Bazin avait des relations conflictuelles avec son père : le 6 décembre 1930, il donna à Paris une conférence ayant pour sujet *Un académicien a-t-il le droit d'empêcher son fils d'écrire ?*[111]

En 1933, il publie deux livres : *Le Mur d'argent* et *La Guérisseuse*. En octobre 1939, alors que la France vient de déclarer la guerre à l'Allemagne et que les hommes sont mobilisés, il signe une tribune pathétique:

« La guerre. Ils savent déjà, les gosses, que c'est une chose inhumaine, qui ne devrait avoir de nom dans aucune langue. Ils savent que toute la France, silencieuse et digne, s'est levée. Ils savent que, dans un pays lointain, qui ne représente pour eux qu'une tache verte ou saumon sur la carte de l'Europe, des enfants comme eux, dans les rues de Varsovie, se sont haussés au courage des hommes.[112] »

En 1941, il est délégué départemental du Secrétariat de la Jeunesse pour l'enseignement social et publie *Tel père, telle fille*, l'histoire d'un jeune ingénieur plein d'avenir, mais sans fortune, amoureux de la fille d'un riche constructeur d'avions qui s'oppose à leur mariage. En juin 1943, il est l'envoyé spécial de *Paris-Soir* pour faire reportage en Touraine sur le Vouvray. En 1946, il publie une biographie du maréchal Foch. Quatre ans plus tard, son roman *Le chant des neiges* paraît.

---

110 *L'Homme libre*, 24 et 25 janvier 1931, p.2.

111 *Comœdia,* 5 décembre 1930, p.6.

112 *Excelsior,* 3 octobre 1939, p.2.

En 1950, les lecteurs pouvaient donc acheter, au choix, un roman de René-Bazin, ou un roman d'Hervé Bazin, de quoi entretenir une certaine confusion...

Il publiera ensuite *Barrage 5* (1951), *La Rançon de Lucienne* (1953), *À la vitesse de la lumière* (1956), l'histoire extravagante d'un professeur enlevé par des extra-terrestres pour être emmené sur une planète paradisiaque, et enfin *Rien que la vérité* (1970). Louis René-Bazin a également écrit trois autres romans sous le pseudonyme de Michel Bavasco.

Élisabeth René-Bazin (1879-1926), sa cousine

Née le 9 octobre 1879 à Lyon, morte dans la même ville le 16 décembre 1926, Élisabeth René-Bazin est le deuxième enfant de René Bazin, de l'Académie française, et la sœur aînée de Louis René-Bazin. Le 5 janvier 1901, elle épousa à Angers, Antoine Sainte-Marie Perrin (1871-1928), architecte, dont le père Louise Sainte-Marie Perrin, également architecte, a terminé la construction de la basilique Notre-Dame de Fourvière à Lyon.

Élisabeth René-Bazin est l'auteur de nombreuses études littéraires et artistiques, notamment une biographie de sainte Colette de Corbie (1381-1447) qu'elle publia en 1921. Elle donna aussi des conférences dont une sur « L'accession des femmes aux carrières administratives.[113] » En 1926, elle publia la biographie de Pauline Jaricot (1799-1862), fondatrice à Lyon de la Société pour la Propagation de la Foi dont *L'Écho de Paris* souligne la qualité : « Une belle existence que Mme Sainte-Marie Perrin nous restitue avec une lucide fidélité historique et un charme extrême de style.[114] »

---

113 *La Presse,* 13 décembre 1921, p.3.

114 *L'Écho de Paris*, 30 juillet 1926, p.6.

On ne sort décidément pas du monde des gens de lettres : en 1906, Reine Sainte-Marie Perrin (1881-1973), sœur cadette de son mari, épousa le dramaturge, poète, essayiste et diplomate Paul Claudel (1868-1955), avec lequel elle aura cinq enfants.

Élisabeth René-Bazin consacrera au grand écrivain un livre de plus de 200 pages, reprenant une partie de ses textes, intitulé *Introduction à l'œuvre de Paul Claudel*.

Lors de sa mort prématurée à l'âge de 47 ans, le 16 décembre 1926 à Lyon, la presse souligna « sa haute culture, son grand talent, sa distinction d'esprit, ses qualités de cœur et son activité bienfaisante en faveur des œuvres de bien public[115]. »

Un mois après sa disparition, Daniel Halévy lui rendit cet hommage en première page du *Figaro* :

« Nous venons de perdre une contemporaine exquise, Mme Sainte-Marie-Perrin ; je dis nous tous, écrivains, lecteurs, lettrés, honnêtes gens, selon une expression qui n'est plus très en usage. (…) Fille de René Bazin, épouse du très distingué architecte lyonnais, le fils du constructeur de la basilique de Fourvières, belle-sœur de M. Paul Claudel, Mme Sainte-Marie-Perrin appartenait à la plus éminente société catholique ; elle y portait l'ardeur de son charmant esprit et de son noble cœur. Le peu de livres qu'elle a publiés est de la qualité la plus rare, et si l'avenir daigne faire attention à nous, comme nous faisons attention à ceux qui nous ont précédés, un jour, on connaîtra, je le soupçonne, la correspondante active et vive[116]. »

---

[115] *Mémorial de la Loire et de la Haute-Loire*, 15 décembre 1926, p.2 et *Le Gaulois*, 16 décembre 1926, p.2.

[116] *Le Figaro*, 29 janvier 1927, p.1.

Hélène Guilloteaux (1836-1915), son arrière-grand-mère

Née le 11 novembre 1836 à Paris, mariée en 1855 avec Joannès Guilloteaux (1829-1918), morte le 31 janvier 1915 à Cannes, Hélène Bouron, fille de banquier, est l'arrière-grand-mère, côté maternel, d'Hervé Bazin.

Épouse de banquier, elle prend pour nom de plume Jan Kermor, afin d'assurer son anonymat. Sa première œuvre, publiée tardivement en 1897, est l'histoire de trois jeunes femmes qui ont des difficultés relationnelles avec leur entourage. Elle a pour titre *La Vipère au nid*. Voilà donc une ressemblance troublante, au moins dans le titre, avec le célèbre roman d'Hervé Bazin qui pourtant déclarera qu'il n'en connaissait pas l'existence lorsqu'il écrivit *Vipère au poing*[117].

La même année, Hélène Guilloteaux publie son second roman *Échelle d'amour*. On peut alors lire dans *Le Messager de Paris* : « L'auteur sait concilier sa maîtrise de langue avec la science d'exposer les faits selon les exactes et vieilles lois de la vie. Il faut rendre pleinement justice à cet écrivain pour le généreux effort grâce auquel le roman contemporain vient de s'améliorer d'une œuvre que personne ne contestera et que tout le monde voudra classer au premier rang de sa bibliothèque.[118] » *La Vie parisienne* précise que « malgré le titre, le roman peut être lu par toutes les jeunes filles.[119] »

En 1899, son troisième roman *Un piège à flirts* est publié et présenté ainsi : « Ce nouveau roman met en parallèle deux vies de femmes d'un contraste saisissant. Ce livre, d'une émotion

---

117 Marcel Cordier, *Leurs demeures en Lorraine*, Éditions Pierron, Sarreguimnes, 1983, p.18.

118 *Le Messager de Paris*, 25 octobre 1897, p.3.

119 *La Vie parisienne*, 13 novembre 1897, p.655.

poignante, répond par un exemple admirable à ceux qui accusent nos femmes de France d'être trop légères. C'est un des plus curieux romans de la saison.[120] ».

Fidèle à son éditeur, la librairie Ollendorf, Hélène Guilloteaux publie ensuite, en 1901, *Une éclipse du Veau d'or*, dans lequel elle fait le procès de la malfaisance éternelle de l'or, ce qui est assez étonnant de la part de la fille et de la femme d'un banquier... Ce fut son dernier livre.

Ayant suffisamment vécu âgée pour connaître son arrière-petit-fils Jean, l'auteur de *La Vipère au nid* aurait était stupéfaite si on lui avait alors dit que son arrière-petit-fils écrirait un jour un roman appelé *Vipère au poing* qui se vendrait à 27 millions d'exemplaires à travers le monde[121] !

Hervé Bazin qualifiait les livres de son arrière-grand-mère de très mauvais romans[122].

Hélène Guilloteaux a transmis son goût de l'écriture à l'une de ses filles, Erique Elisabeth Guilloteaux (1862-1958), une grande voyageuse, ce qui était rare pour une femme à cette époque. Après un voyage en Inde et en Chine, elle publia *Dans la jungle* (1913), puis *La Réunion et l'Île Maurice, Nossi Bé et les Comores, leur rôle et leur avenir* (1920), dont le but est de démontrer aux Français les grandes ressources dont disposent ces colonies. Toujours chez le même éditeur, la librairie académique Perrin, elle publie un troisième récit de voyage : *Madagascar et la côte des Somalis, Sainte-Marie et les Seychelles* (1922). L'année suivante, elle publiera *Les Joyeux compagnons des Îles du Soleil*, consacré à Singapour, Java et la Malaisie.

---

120 *Le XIXe siècle*, 19 novembre 1898, p.1.

121 Marcel Cordier, *Leurs demeures en Lorraine*, op.cit.

122 Hervé Bazin, *Abécédaire*, op.cit..

Dans un de ses ouvrages, elle rend hommage à sa mère qui lui donnait des conseils d'écriture : « Quand j'avais les conseils de son goût sûr et rare, l'inspiration de son âme d'élite, pleine d'une foi ardente, et le réconfort de son cœur pétri de charité – en un mot la collaboration de celle qui signait ses œuvres Jan Kermor.[123] » Elle mourut célibataire à l'âge de 95 ans.

François Chéron des Carrières (1764-1829), l'ancêtre

Étudiant les papiers de famille de son épouse, Ferdinand Hervé-Bazin, le grand-père d'Hervé Bazin, y découvrit les Mémoires manuscrites et la correspondance de François Chéron (1764-1828), l'arrière-grand-père de sa femme. Devant son intérêt historique, il les fit publier en 1881, sous le titre *Mémoires et Récits de François Chéron, membre du Conseil secret du roi Louis XVI au 10 août, commissaire du roi Louis XVIII, près le Théâtre-Français, de 1818 à 1825, auteur dramatique, critique de littérature.*

Ce livre permit de sortir de l'oubli un homme qui connut quelque notoriété de son vivant. On y découvre que son père, Marin Chéron (1715-1783), qui a commencé comme simple journalier dans les forêts royales, est devenu planteur en chef, *Grand Planteur du Roi* disait-on à l'époque. Son fils François, un de ses quatorze enfants, fut élevé, comme son lointain descendant, dans un milieu profondément chrétien et très royaliste.

Doué de beaucoup d'esprit, il se lie d'amitié avec des hommes de lettres de son époque : Jean Baptiste Antoine Suard (1732-1817), Charles de Lacretelle (1766-1855) et André Chénier (1762-1794).

---

123 Erique Guilloteau, *La Réunion et l'Île Maurice, Nossi Bé et les Comores, leur rôle et leur avenir*. Librairie académique Perrin, 1920, p.370.

En 1792, il est rédacteur au *Journal de Paris*[124] et à *L'Ami du Roi*[125]. Arrêté pendant la Terreur, il fut remis en liberté après la chute de Robespierre. En 1797, il est à la tête du *Déjeuner*, un journal satirique qui fut vite interdit et pour lequel il fut déclaré coupable de complot contre la République ; il ne dut son salut qu'à sa fuite[126]. En 1801, sa comédie en cinq actes *Duhautcours ou le Contrat d'union* est jouée au Théâtre-Français. Marie Joseph Chénier, le frère du grand poète, y remarqua : « toutes les qualités essentielles de l'auteur comique, la gaieté, l'art d'observer, l'intention prononcée de corriger les mœurs et le talent difficile de bien développer le but moral sans refroidir la scène.[127] » Opposant à l'Empire, François Chéron fut emprisonné pendant les Cent-Jours. Il est ensuite commissaire du roi près le Théâtre-Français, de 1818 à 1825, et devint critique de théâtre et de littérature pour *Le Moniteur universel*.

François Chéron, qui se faisait appeler Chéron des Carrières, à en juger du portrait qu'il dresse d'une cousine de sa mère, ne manquait pas de talent :

« Trois pieds au plus de hauteur, double et triple bosse, les deux jambes en serpent de lutrin ; le tout surmonté d'une tête fort grosse d'où sortaient deux yeux grands et vifs, au-dessous desquels une large bouche donnait passage à une voix forte et souvent glapissante, à raison d'une affection de poitrine dont les quintes fréquentes brisaient les plus fermes tympans. »

---

124 *Le Journal de Paris*, premier quotidien français, il parut de 1777 à 1840.

125 *L'Ami du Roi*, journal royaliste créé le 1er juin 1790, il cessa de paraître en 1792.

126 *Le Moniteur universel*, 21 février 1890, p.3.

127 Marie-Joseph Chénier, *Tableau de la littérature française depuis 1789*, Ledentu, 1834.

La littérature était décidément une affaire de famille : son frère aîné, Louis-Claude Chéron (1758-1807), député de Seine-et-Oise en 1791, préfet de la Vienne en 1805, se fit connaître sous le nom de Chéron de La Bruyère. Il est l'auteur d'une comédie en cinq actes et en vers intitulée *L'Homme à sentiments ou le Tartuffe de mœurs*, joué pendant plusieurs années au Théâtre-Français.

Ce goût de l'écriture dans la famille Hervé-Bazin ne s'arrêtera peut-être jamais : Catherine Hervé-Bazin, fille d'Hervé Bazin, qui ressemble beaucoup à sa grand-mère Folcoche, à tel point que lorsqu'elle naquit, son père s'écria : *Allons, bon ! La Revoilà !*[128] a aussi écrit un livre en 1997 : *La fille indigne*. Encore une histoire de famille !

---

128 Hervé Bazin, *Abécédaire, op.cit.*.

DE FRANÇOIS CHÉRON DES CARRIÈRES À HERVÉ BAZIN :

François Chéron, dit Chéron des Carrières

Né le 17 juin 1764 à Paris

Marié en 1792 avec Elisabeth Thérèse Durand

Décédé le 16 janvier 1828 à Paris à l'âge de 63 ans

Clarisse Aimée Bathilde Chéron

Née le 3 mai 1799 à Versailles (Yvelines)

Mariée le 6 janvier 1826 à Paris avec Barthélémy Meauzé

Décédée le 4 juillet 1860 à Angers (Maine-et-Loire) à l'âge de 61 ans

Élisabeth Meauzé

Née le 27 mars 1831 à Paris

Mariée le 15 janvier 1850 à Angers (Maine-et-Loire) avec Alfred Bazin

Décédée le 30 septembre 1891 à Saint-Barthélemy d'Anjou (Maine-et-Loire) à l'âge de 60 ans

Marie Bazin

Née le 5 octobre 1850 à Angers (Maine-et-Loire)

Mariée le 7 août 1869 à Angers (Maine-et-Loire) avec Ferdinand Hervé

Décédée le 20 novembre 1919 à Angers (Maine-et-Loire) à l'âge de 69 ans

Jacques Ferdinand Hervé-Bazin

Né le 22 juillet 1882 à Angers (Maine-et-Loire)

Marié le 12 janvier 1909 à Paris 16eme avec Jeanne Paule Guilloteaux

Décédé le 10 septembre 1944 au Kremlin-Bicêtre (Val-de-Marne) à l'âge de 62 ans

Jean-Pierre Hervé-Bazin, dit Hervé Bazin

Né le 17 avril 1911 à Angers (Maine-et-Loire)

Marié le 3 février 1934 à Paris 5eme avec Odette Danigo

Marié le 30 avril 1948 à Paris 11eme avec Jacqueline Dussollier

Marié le 9 mai 1967 à Paris 13eme avec Monique Serre

Marié le 8 août 1987 à Barneville-sur-Seine (Eure) avec Odile L'Hermitte

Décédé le 17 février 1996 à Angers (Maine-et-Loire) à l'âge de 84 ans

ÉDITH PIAF LA PETITE KABYLE ÉLEVÉE DANS UN BORDEL

La vie d'Édith Piaf (1915-1963) commence et se termine par un mensonge. Au 72 rue de Belleville à Paris, on peut lire sur une plaque de pierre apposée sur un immeuble l'inscription suivante : « Sur les marches de cette maison naquit le 19 Décembre 1915 dans le plus grand dénuement EDITH PIAF dont la voix, plus tard, devait bouleverser le monde.»

La mère d'Édith Piaf était donc si pauvre qu'elle a dû accoucher dans la rue... Mais c'est faux, Édith Piaf est née à la maternité de l'hôpital Tenon de Paris, ainsi que l'atteste son acte de naissance :

« Le dix neuf décembre mil neuf cent quinze à cinq heures du matin, est née rue de la Chine 4 Édith Giovanna du sexe féminin, fille de Louis Alphonse Gassion, trente quatre ans, artiste acrobate, et de Ametta Giovanna Maillard, vingt ans, artiste lyrique, son épouse, domiciliés rue de Belleville 72. Dressé par Nous, le vingt décembre mil neuf cent quinze à midi et demi, sur la présentation de l'enfant et la déclaration faite à défaut du père, par Jeanne Graize, vingt huit ans, infirmière, rue de Chine 4, ayant assisté à l'accouchement. En présence de Jules Defleur et de Jacques Gaviet, employés rue de Chine 4, qui lecture faite ont signé avec la déclarante et Nous Paul Burg, adjoint au maire, chevalier de la légion d'honneur. » (État civil de la ville de Paris 20e arrondissement, registre des naissances, année 1915, cote 20N 302)

Quant à sa mort, elle fut aussi mise en scène. Alors qu'elle est très malade depuis plusieurs mois et qu'elle se repose dans une villa située sur les hauteurs de Grasse, elle meurt d'une rupture d'anévrisme. Son entourage et son mari Théo Sarapo décident de cacher sa mort, estimant que le lieu de celui-ci, une petite villa grassoise ne correspondait pas à "la légende Piaf". Elle doit mourir à Paris où elle est née et où elle a vécu. Ils trouvent une ambulance et font illégalement transporter son corps jusqu'à son domicile parisien boulevard Lannes, puis appellent un médecin qui accepte de signer un certificat de décès. Édith Piaf est donc officiellement morte à Paris le 11 octobre 1963, alors qu'en réalité elle est morte le 10 octobre 1963 à Grasse.

Les parents d'Édith Giovanna sont Louis Gassion (1887-1944) et Anneta Maillard (1895-1945), connue sous le nom d'artiste de Line Marsa, mariés le 4 septembre 1914 à Sens (Yonne). Louis Gassion est le fils d'un écuyer de cirque et exerce la profession de contorsionniste et antipodiste dans un cirque. Anneta Maillard est écuyère, funambule et chanteuse de cabaret. Un second enfant naîtra à Marseille trois ans après la naissance d'Édith : Herbert Gassion (1918-1997). Les parents d'Édith Piaf ont divorcé en 1929.

En 1931, le père d'Édith Piaf aura avec Jeanne L'Hôte une seconde fille : Denise. Celle-ci publia en 1977 un livre ayant pour titre « Piaf ma sœur » ; il aurait été plus exact qu'il s'appelât « Piaf ma demi-sœur ». Si sur la couverture du livre il y a en sous-titre « La vraie sœur de Piaf raconte... », c'est pour rappeler qu'elle est la vraie demi-sœur de la célèbre chanteuse, alors que Simone Berteaut (1916-1975), surnommée Momone, l'amie intime d'Édith Piaf, avec laquelle elle chantait dans les rues de Paris dans les années 20, se présentait faussement, soit comme étant sa demi-sœur, prétendant être la fille du père d'Édith Piaf, soit comme étant sa sœur adoptive, écrivant, elle aussi, deux livres de témoignages aux titres très sobres : « Piaf : récit »

(1969), dans lequel elle raconte que la mère d'Édith Piaf exigeait que sa fille et elle, ramènent à la maison, chaque jour, d'une manière ou d'une autre, la somme de dix francs, et « Momone : récit » (1972).

Lors d'une interview donnée à *Paris-Match* par Momone, en 1969, l'hebdomadaire titre « Piaf telle qu'elle était vraiment. Une interview-document de sa sœur Simone Berteaut », voilà de quoi prêter à confusion. Simone Berteaut était probablement mythomane, car elle prétendait que sa grand-mère était une Indienne de la Cordillère des Andes, ce qui expliquait son visage aux pommettes saillantes[129] !

Sa biographie de Piaf fit scandale car la plupart des personnalités citées dans son livre qui étaient encore en vie s'insurgèrent contre les mensonges qu'elle contenait. Simone Bertaut avait notamment prêté à Robert Lamoureux un désir de *relations intimes* avec Piaf, en 1951[130]. Voici comment celui-ci le démentit: « Piaf était affreusement laide. Elle était la laideur. Franchement, sur la tête de mes quatre enfants et sur mon honneur, je n'aurais pas mis le doigt sur elle ! Pour moi, elle avait quelque chose de repoussant. C'était un monstre. Elle ne m'a d'ailleurs pas fait la cour, comme on le laisse entendre. Pas plus que je ne lui ai fait la cour à aucun moment[131] »

En raison de la guerre et des temps difficiles, ses parents décident de confier Édith à sa grand-mère maternelle qui vit dans le quartier de Belleville, puis, en raison des défauts de soin de cette dernière qui ajoute du vin rouge dans le biberon de sa

---

129 *Paris-Presse, L'Intransigeant*, 4 juin 1969, p.10 : « Pour sa sœur (descendante d'une Indienne du Pérou) Piaf est toujours vivante ».

130 Simone Berteaut : « Robert n'aurait pas demandé mieux que de passer des relations professionnelles à d'autres plus intimes. »

131 *Paris-Presse, L'Intransigeant,* 3 octobre 1969, p.14.

petite-fille pour tuer les microbes, elle est confiée à sa grand-mère paternelle qui est tenancière d'un bordel à Bernay (Eure), appelé le Grand 7, situé au numéro 7 de la rue Saint-Michel[132].

Édith Piaf y vit, de 1917 à 1922, parmi la dizaine de filles de la maison close tenue par ses grands-parents. Sa grand-mère paternelle n'est pas plus affectueuse que sa grand-mère maternelle, ainsi qu'en a témoigné Madame Taillère, la lingère du lupanar : « La petite, la brave petite... pas gâtée, je vous jure... la mère Gassion qui préférait sa cousine Marcelle l'aimait pas beaucoup... toujours après elle, avec sa voix égrillarde... Édith par ci, Édith par là... toujours sur son dos... Comme Édith déjà aimait chanter, la mère Gassion lui faisait chanter pour ces messieurs des chansons d'amour... »

En raison des mauvais soins de sa grand-mère, la petite Édith souffre d'une infection aux yeux, c'est un médecin de Bernay, le docteur Mesnil, qui faisant sa visite hebdomadaire obligatoire de la maison de plaisir, vit la petite fille alors âgé de 3 ans aux yeux couverts de croûtes et la soigna avec l'aide de son confrère le docteur Saucier, médecin de la famille Gassion, et du docteur Degrenne, spécialiste des yeux. Un traitement à base de sulfate d'atropine et de cocaïne lui fut donné. Édith Piaf qui était presque aveugle[133] recouvra la vue et on attribua ce « miracle » davantage aux prières adressées à Thérèse de Lisieux (1873-1897) qu'à la médecine. Son parolier Raymond Asso (1901-1968) qui fut également son compagnon à partir de 1936, témoigna en juillet 1968 : « C'est comme ce fameux prétendu miracle. Piaf aurait été aveugle. On aurait fait des prières à

---

[132] La rue Saint-Michel s'appelle aujourd'hui la rue Édith Piaf.

[133] Contrairement à ce qu'elle a affirmé, Édith Piaf n'était pas devenue complètement aveugle. Voir Robert Belleret, *Piaf, un mythe français*, Fayard, 2013.

Lisieux. Elle aurait recouvré la vue... La vérité est toute différente. En fait, la petite avait une double kératite et on lui avait mis un bandeau sur les yeux. Elle était ainsi restée près de six mois dans l'obscurité. Un jour, le docteur a dit : - Voyons où ça en est ? Elle a dit : - J'y vois. Et en remerciement, toutes ces dames sont allées à Lisieux. On a fait d'Édith une miraculée. Elle a fini par accepter cette légende, car c'était une enfant.[134] »

Édith Piaf qui vénéra toute sa vie Sainte Thérèse de Lisieux ignorait qu'elle était sa cousine ; elles descendaient toutes deux de la famille Bohard, d'Athis-de-l'Orne. Elle a également toujours ignoré que Maurice Chevalier était son cousin au 14e degré, descendants tous deux de Jean Baptiste De Creme (1670-1747), un bourgeois de Lille.

Avoir été élevée dans un bordel eut une influence sur la vie d'Édith Piaf qui eut une vie dissolue et fut aussi une briseuse de ménage : Marcel Cerdan était marié et père de trois enfants lorsqu'elle entama son idylle tragique avec le célèbre boxeur. Édith se serait également adonnée à la prostitution pendant sa période de misère pour pouvoir payer l'enterrement de son unique enfant Marcelle Dupont (1933-1935)[135].

En novembre 1942, elle alla habiter avec son amie Simone Berteaut au troisième étage d'un hôtel particulier parisien situé 4 rue Villejust[136] dont les deux premiers étages sont un bordel fréquenté par les officiers allemand appelé l'Étoile de Kléber. Ce

---

134 *Paris-Presse, L'Intransigeant,* 30 septembre 1969, p.12 : « La sœur de Piaf a-t-elle dit la vérité ? Les hommes de sa vie racontent Piaf »

135 Selon le témoignage même d'Édith Piaf publiée dans France-Dimanche : « J'étais droguée comme une bête, je me piquais à travers ma jupe, je rampais par terre, j'étais ivre-morte, obligée de me prostituer pour payer l'enterrement de ma fille. »

136 Aujourd'hui rue Paul-Valéry, Paris 16e.

troisième étage abritait également Yves Montand et des Juifs qui se cachaient[137].

Après avoir été très jeune en couple avec Louis Dupont (1915-1965), chanteur des rues et père de sa fille, Édith Piaf s'est mariée en 1952 à New York avec le chanteur Jacques Pills (1906-1970) qui avait été marié avec une autre chanteuse également très populaire, Lucienne Boyer (1901-1983), puis en 1962 avec Théo Sarapo (1936-1970).

Édith Piaf ne s'est donc mariée que deux fois, mais la liste de ses amants est longue, parmi les plus célèbres on peut citer Paul Meurisse, Jean-Louis Jaubert, membre des Compagnons de la chanson, Marcel Cerdan, Eddie Constantine, André Pousse, Louis Gérardin, champion du monde de cyclisme, Georges Moustaki et Yves Montand, lequel fit cette confidence : « Édith est dangereuse. Lorsqu'elle est avec un homme, elle veut le dominer et l'asservir. J'en sais quelque chose.[138] »

Si par ses ancêtres paternels, les Gassion, Édith Piaf est normande, son plus lointain ancêtre étant Jean Gassion, né vers 1590, demeurant à Castillon dans le Calvados, la célèbre chanteuse a, par ses ancêtres maternels, des origines italiennes et kabyles. Son arrière-grand-mère est Marguerite Bracco (1830-1898), née à Murazzano dans le Piémont. En février 1853, elle épousa à Poitiers un jeune acrobate de cirque né à Mogador au Maroc où il existait une importante diaspora kabyle :

« L'an mil huit cent cinquante trois le quatre du mois de février, à huit heures et demie du matin, pardevant nous Jean

---

137 Roger Peyrefitte, *Manouche*, Flammarion, 1972, p.107

138 *Paris-Presse, L'Intransigeant*, 7 avril 1970, p.3, confidence d'Yves Montand à Lucien Roupp, manager de Marcel Cerdan, fait au moment où la chanteuse entretenait une relation adultère avec le boxeur.

François Grilliet, maire officier de l'Etat civil de la commune de Poitiers département de la Vienne chevalier de la légion d'honneur, ont comparu en la maison commune pour contracter mariage, d'une part le nommé Saïd Ben Mohamed, artiste acrobate, âgé d'environ vingt six ans, domicilié en cette ville, né en celle de Mogador[139] Afrique, Maroc, ainsi que le constate le passeport qui lui a été délivré à Cholet, Maine et Loire, le vingt huit février dernier, qu'il nous a remis à l'appui de sa déclaration pour rester annexé au présent registre, se trouvant dans l'impossibilité de produire d'autre pièce, attendu qu'il n'existe pas dans son pays natal d'État civil qui puisse justifier légalement son identité, fils majeur de Mohamed et Ajoh Bent Ali, présumés décédés suivant sa déclaration ; d'autre part, demoiselle Marguerite Bracco, sans profession, âgée de vingt deux ans, domiciliée en cette ville, née en celle de Murazzano, Italie, le trente avril mil huit cent trente, ainsi que le constate l'expédition de l'acte de naissance qui nous a été remis, fille majeure et légitime du sieur Joseph Bracco, artiste musicien, et de dame Catherine Chapelle, ici présente et consentant audit mariage, demeurant en cette ville après avoir interpellés lesdits futurs époux de nous déclarer conformément à la loi s'il existait un contrat de mariage, nous ont répondu négativement. Lesquels nous ont requis de procéder à la célébration du mariage projeté entre eux et dont les publications ont été faites devant la principale porte de notre maison commune les dimanches douze et dix-neuf du mois de décembre dernier à midi, aucune opposition audit mariage ne nous ayant été signifiée, faisant droit à leur réquisition, après avoir donné lecture de toutes les pièces ci-dessus mentionnées et du chapitre six du titre du code Napoléon intitulé du mariage, avons demandé au futur époux et à la future épouse s'ils veulent se prendre pour mari et pour femme, chacun d'eux ayant répondu séparément et affirmativement, déclarons au nom de la loi que ledit sieur Saïd

---

139 Mogador, Essaouira depuis 1957, grande ville portuaire du Maroc.

Ben Mohamed et ladite demoiselle Marguerite Bracco sont unis par le mariage, et aussitôt les époux nous ont déclaré qu'il est né d'eux un enfant de sexe féminin inscrit sur le registre de l'Etat civil de la commune de Payré, Vienne, le 1er avril dernier, sous les nom et prénom de Rose Saïd Ben Mohammed, lequel ils reconnaissent pour leur fille et qu'il légitiment par l'effet du présent mariage. De quoi avons dressé acte en présence des sieurs Pierre Joseph Camelin, officier en retraite, âgé de cinquante et un ans et Louis Chaudoin, courtier de commerce, âgé de trente deux ans, Hilaire Diot, aubergiste, âgé de trente-cinq ans, et Désiré Girard, facteur de messageries, âgé de vingt cinq ans, amis desdits époux demeurant tous en cette ville, lesquels témoins nous ont déclaré par serment qu'ils ont à l'instant prêté que quoiqu'ils connaissent ledit époux ils ignorent le lieu du décès et celui du dernier domicile de ses père et mère, le tout en conformité de l'avis du conseil d'État du vingt sept messidor an treize approuvé par l'empereur le quatre thermidor suivant, lecture a eux faite ainsi qu'aux parties contractantes du présent acte de mariage, lesdits époux et la mère de l'épouse ont déclaré ne savoir signer de ce requis et les autres ont signé avec nous.» (Archives départementales de la Vienne, registre des mariages de Poitiers, du 1er janvier au 26 avril 1853, cote 9 E 229/308/1)

Le même jour, une demi-heure plus tôt, Marie Élisabeth Bracco, sœur de Marguerite, a épousé Ben Bel Aïd, dit Mustapha, artiste acrobate, âgé de 30 ans et natif de Fès (Maroc).

Le couple fait donc partie du monde circassien. En 1857, il travaille pour le cirque Lalanne qui, se trouvant à Nantes, présente son spectacle ainsi :

« Troupe arabe : La voûte infernale par Saïd-Ben-Mohamed. Manœuvre Grecque, par Mmes Lalanne, Elisa, Joséphine et Palmyre ; MM. Lalane, Modeste, Piège et Ludovic. – Samson, par l'intrépide Moustapha. – Piédestal humain, par 7 arabes en pyramides. – L'homme aérien, par M. J. Bracco. – Les Arabes feront quatre entrées et termineront par le concert mêlé de danse, musique et chants arabes. – Tous les écuyers et écuyères prendront part à cette brillante représentation.[140] »

Leur fille, Emma, grand-mère d'Édith Piaf, naîtra 23 ans après leur mariage, à Sens (Aisne), où son père « artiste acrobate en représentation en cette ville » se trouve. Elle naît dans une roulotte stationnée rue de la Paix, sa mère a alors 46 ans.

Saïd Ben Mohamed mourut le 4 décembre 1890 à Montluçon (Allier) dans sa roulotte installée place de l'hôtel de ville, à l'âge de 63 ans. Son fils, Ali Saïd Ben Mohamed, artiste acrobate, 31 ans, n'eut donc qu'à traverser la rue pour aller déclarer le décès de son père. Son épouse, Marguerite Bracco, mourut à Paris 11e, en son domicile, boulevard Voltaire, le 2 mai 1898.

Emma Saïd Ben Mohammed deviendra dresseuse de puces. Elle se marie en 1894 à Lodève (Hérault) avec Auguste Eugène Maillard, artiste de cirque. Après la mort de celui-ci en 1912, elle se remarie, en 1923, avec un coiffeur, Adolphe Cornu (1867-1937) et travaille comme découpeuse. Elle décède le 18 juillet 1930 à Paris 19e à l'âge de 53 ans.

---

140 *Le Phare de la Loire,* 31 janvier 1857, p.3.

DE SAÏD BEN MOHAMMED À ÉDITH PIAF :

Saïd Ben Mohamed

Né vers 1827 à Mogador (Maroc)

Marié le 4 février 1853 à Poitiers (Vienne) avec Margueritte Bracco

Décédé le 4 décembre 1890 à Montluçon (Allier)

Emma Ben Mohammed Saïd

Née le 10 décembre 1876 à Soissons (Vienne)

Mariée le 16 avril 1894 à Lodève (Hérault) avec Auguste Eugène Maillard

Décédée le 18 juillet 1930 à Paris 19eme à l'âge de 53 ans

Annetta Maillard, dite Line Marsa

Née le 4 août 1895 à Livourne (Italie)

Mariée le 4 septembre 1914 à Sens (Aisne) avec Louis Gassion

Décédée le 6 février 1945 à Paris à l'âge de 49 ans

Édith Giovanna Gassion, dite Édith Piaf

Née le 19 décembre 1915 à Paris 20eme

Décédée le 10 octobre 1963 à Grasse (Alpes-Maritimes), officiellement décédée le 11 octobre 1963 à Paris 16eme, à l'âge de 47 ans.

LES ORIGINES AFRO-AMÉRICAINES DE GRICHKA ET IGOR BOGDANOFF

Igor et Grichka Bogdanoff, les célèbres jumeaux de *Temps X,* étaient nés le 29 août 1949 au château de Saint-Lary dans le Gers, de l'union de Youra Ostasenko-Bogdanoff avec Maria Dolores von Kolowrat-Krakowska. Ils avaient un frère et trois sœurs. Si Grichka n'a jamais convolé et n'a pas eu d'enfants, Igor a, en quelque sorte, compensé l'absence de paternité de son frère jumeau, en ayant eu six enfants ; le premier, Dimitri, né en 1976, avec l'actrice Geneviève Grad, la célèbre Nicole, fille du maréchal des logis-chef Cruchot dans la série des Gendarmes. Sa dernière épouse fut Amélie de Bourbon-Parme, fille naturelle de Michel de Bourbon-Parme (1926-2018), arrière-petit-fils du roi du Danemark Christian IX, avec laquelle il a eu Alexandre (né en 2011) et Constantin (né en 2014).

Inséparables dans la vie, ils le furent aussi dans la mort, décédant de la même maladie, dans le même hôpital, à seulement six jours d'intervalle. Leurs obsèques communes eurent lieu le 10 janvier 2022. Ils reposent dans le cimetière de Saint-Lary dans la même tombe.

Les Bogdanoff sont originaires de Russie. Youri Bogdanoff, le père d'Igor et Grichka, né à Saint-Pétersbourg en 1928, s'est réfugié en Espagne en 1940 après l'arrestation de son père, Mikhaïl Borisovitch Bogdanoff par le NKVD.

Au XVIIe siècle, les Bogdanoff auraient reçu du tsar Fédor III, le titre de prince.

En 1930, un homme se présentant comme le prince Bogdanoff fut arrêté à Senlis. On découvrit qu'il s'appelait en réalité Guillaume Van Boom, qu'il était de nationalité belge et qu'il avait déjà subi cinq condamnations pour abus de confiance, escroqueries et production de faux papiers d'identité[141]. Il se présentait comme étant le prince Vasili Dimitri Bogdanoff, originaire de Russie et délégataire du commissaire international de scoutisme, le désignant comme commissaire général du Congo[142]. Cet escroc récidivera trois ans plus tard, en se faisant passer, cette fois-ci, pour le chef des nazis flamands[143] !

C'est par leur mère, Maria Dolores von Kolowrat-Krakowska (1926-1982), qu'Igor et Grishka Bogdanoff ont des origines africaines. Celle-ci était la fille naturelle que Bertha von Kolowrat Krakowsky (1890-1982) avait eue avec le chanteur noir américain Roland Hayes (1887-1977). Les Kolowrat-Krakowsky sont originaires de Bohême et faisaient partie de la noblesse tchèque.

Le comte Leopold de Kolowrat (1804-1863), dont le père combattit les Français à la bataille de Wagram où il fut blessé, ancêtre d'Igor et Grichka Bogdanoff, était chambellan de l'empereur d'Autriche. Il reçut de nombreuses décorations : ordre militaire de Marie-Thérèse, par l'empereur d'Autriche, croix de commandeur de l'ordre pour le mérite, par le roi de Bavière et commandeur de l'ordre de Saint-Joseph par le grand-duc de Toscane[144]. Son épouse, Natalie Blaszczynska, mourut à Pau (Pyrénées-Atlantiques) le 17 janvier 1861.

---

141 *L'œuvre*, 29 mai 1930, p.2 : « Le faux prince Bogdanoff n'est qu'un repris de justice. »

142 *Bonsoir*, 29 mai 1930, p.2 : « On arrête un aventurier suspect disant être le prince Bogdanoff. »

143 *L'œuvre*, 4 novembre 1933, p.3 : « Les multiples avatars d'un escroc international faux hitlérien et faux prince russe. »

Sa petite-fille, Bertha de Kolowra, née à Tynec (Tchéquie) en 1890, se maria le 10 août 1909 à Vienne avec le comte Jérôme de Colloredo-Mannsfeld (1870-1942), lieutenant de vaisseau dans la marine impériale autrichienne. Ils eurent quatre enfants, nés de 1910 à 1917.

En 1925, la comtesse de Colloredo-Mannsfeld fut subjuguée par Roland Hayes, un chanteur noir américain en vogue, venu à Vienne donner un récital en mémoire de l'empereur François-Joseph. Elle décida de le retrouver à Paris[145], devint sa maîtresse et tomba enceinte. Rentrée à Vienne, elle avoua sa faute à son mari, lequel décida de l'envoyer en Suisse pour accoucher. Le 28 février 1926, elle y donna le jour à une petite fille qu'elle prénomma Maria Dolorès. En Autriche, le scandale est considérable. Elle divorce et part vivre en France où elle a acheté le château de Saint-Lary (Gers) dans lequel Igor et Grichka, ses petits-fils, naîtront vingt-trois ans plus tard.

Roland Hayes, leur grand-père, est né en 1887 en Géorgie (États-Unis) d'une mère qui fut esclave et dont les ancêtres venaient de Côte d'Ivoire. Ce ténor fut très célèbre aux États-Unis et en Europe. On peut ainsi lire en 1921 dans *Le Ménestrel* :

« Au Wigmore Hall (Londres), récital de chansons nègres par M. Roland Hayes. Ces chansons remontent pour la plupart au temps de l'esclavage ; leur simplicité curieusement enfantine traduit les douleurs et les pauvres joies de la race opprimée.[146] »

---

144 *Histoire générale des maisons souveraines, princières, ducales, et des autres maisons nobles ; des hommes d'État, de guerre, de science et d'art, et des fondateurs et bienfaiteurs de toutes les institutions utiles, Archives historiques*, 1851-52.

145 Christopher A. Brook, Roland Hayes : *The Legacy of an American Tenor, Indiana University Press*, 2014.

146 *Le Ménestrel*, 25 mars 1921, p.11.

En 1922, Roland Hayes est en France et chante dans des soirées mondaines au profit d'œuvres caritatives. Il y acquiert une certaine notoriété, ainsi que l'indique le 11 mai 1922 *Le Gaulois* dans un article élogieux :

« C'est de lui que Mme de Alvear disait récemment :

- C'est un Caruso qui a du goût !

Et nous pouvons ajouter, car ce n'est plus un mystère : il est la coqueluche de Paris.

- Ma chère amie, l'avez-vous entendu chanter ?

- Qui ça ?

- Mais le nègre Roland Hayes. On se l'arrache. Il est gentil, il est docile, il est doux et il a l'air triste. Chère petite chérie, savez-vous, c'est un nègre qui vaut deux blancs !

- Mais où chante-t-il ?

- Oh ! Rêveuse ! Mais partout ! Dimanche, il chantait chez Mme Manuel ; lundi, chez Mme Willy Blumenthal ; mardi, chez Mme Jacques Norman ; hier, chez la Duchesse de Bisaccia où l'applaudissaient les mains les plus aristocratiques de Paris (…). Il est célèbre en Angleterre et fort aimé en Amérique. Il fut lancé à la cour du roi George par le maître de chapelle et il eut à Boston un professeur fameux : Arthur J. Hubbard. »

Répondant à une interview du *Le Gaulois*, Roland Hayes raconte les premières années de sa vie :

« Je suis d'origine africaine. Ma mère était esclave et je ne sais pas si dans la vie les hommes ont toujours plus de chance, mais mon père était affranchi. Je suis né en Georgie le 5 juin 1893[147], à

---

147 Roland Hayes est en réalité né le 3 juin 1887.

Curryville exactement, un drôle de pays. J'ai été malheureux. J'étais esclave[148], moi aussi. J'ai gardé les troupeaux, j'ai été porteur d'eau, j'ai souffert beaucoup pendant longtemps. Ça n'empêche pas d'être heureux quelquefois, n'est-ce pas, au contraire. C'est quand on est bien malheureux qu'on a la chance d'aimer le bonheur. Alors, quand j'étais heureux, je chantais. J'avais un camarade noir qui m'aimait bien. Un jour, à Chattarooga, chez un planteur, j'entendis un phonographe. J'avais dix-sept ans. Ce fut une révélation, et mon petit camarade me fit comprendre que la voix ça pouvait servir à quelque chose et qu'on pouvait l'utiliser. Le planteur, qui était blanc, nous prit tous deux en affection et je partis pour Boston. Voilà mon histoire. Après, j'ai chanté, et ma vie est devenue belle…[149] »

La presse française s'emballe pour ce ténor venu d'Amérique et en dresse un portrait flatteur : « Originaire de Géorgie, où sa mère était esclave, M. Roland Hayes obtient un succès considérable dans les salons parisiens. Dans le Paris des salons, la littérature actuelle à René Maran[150] et l'art lyrique à Roland Hayes. Ce sont deux hommes de couleur. On lit l'un, l'autre est écouté ; car celui-ci est obligé d'être présent. Aucun succès n'a été plus rapide que celui de ce chanteur noir, du plus beau noir, aux très fins cheveux crépelus (sic), aux dents éblouissantes et à l'éclatante voix de ténor. Ce succès, l'Amérique l'a préparé, Londres l'a consacré et Paris, celui de l'aristocratie, se dispute à coups de téléphone et de messages pneumatiques la faveur de le confirmer. M. Hayes est ici depuis un mois à peine et il a chanté tous les jours, et plutôt deux fois qu'une, et, si le grand public ne l'a pas encore entendu, tout le grand monde le connaît. Nous

---

148 L'esclavage était officiellement aboli aux États-Unis depuis 1865.

149 *Le Gaulois*, 11 mai 1922, p.1.

150 René Maran (1881-1960), écrivain d'origine martiniquaise, lauréat du prix Goncourt en 1921.

l'avons rencontré hier et, s'il nous a fallu un interprète pour les mots, nous avons compris son rire amusé, confiant, sa belle humeur de jeunesse, sa joie d'avoir été si rapidement accueilli par tant de bienveillance, de sympathie, d'enthousiasme, de ferveur. Lorsqu'il ne parle pas de son art, il plaisante avec des spontanéités de grand enfant, et ses lèvres un peu fortes s'épanouissent sur un clavier de solide ivoire qui sait lancer des notes émouvantes... »

S'ensuit une interview dans laquelle il donne une version un peu moins miséreuse que celle publiée dans *Le Gaulois,* de ce que fut sa jeunesse : « J'ai été pendant quatre ans à la Fisk Université de Nashville, la capitale de l'État du Tennessee. Je suis allé ensuite à Boston, où j'ai appris mon art avec le grand maestro Arthur G. Hubbord. » et Roland Hayes indique quels sont ses compositeurs préférés : « J'aime Brahms, Schumann, Duparc, Debussy, Moussorgsky comme Rameau et Lulli et je goûte chacun pour sa personnalité sans préférer l'un à l'autre.[151] »

Roland Hayes reste à Paris jusqu'en 1923, puis retourne aux États-Unis où il chante notamment à New York. Il revient en France en 1924 où il se fait applaudir salle Gaveau, avant de commencer une tournée en Europe. Beaucoup de ses concerts sont à but caritatif, on peut ainsi lire dans le *Petit Journal* du 19 juin 1924 : « Sous la présidence du prince Tojo Tovalo-Honénou, un grand concert sera donné le mercredi 25 juin, à la salle Gaveau, au bénéfice de la Ligue universelle pour la défense de la race noire, par le célèbre ténor Roland Hayes. »

Après son escapade viennoise en 1925, on le retrouve en 1926 à Paris, salle du Conservatoire, puis salle Pleyel en 1927, où ses negro spirituals, dont il est considéré comme le créateur en France[152], enchantent le public.

---

151 *Excelsior,* 21 mai 1922, p.3.

L'année suivante, il rentre aux États-Unis aux côtés de Maurice Chevalier sur le paquebot *L'Île-de-France*. Il fait son grand retour à Paris en mai 1931. Il est alors confronté au racisme de Lucien Rebatet[153] qui publia une ignoble critique à son encontre dans *L'Action française* : « M. Roland Hayes, ténor, est un nègre de la Louisiane beaucoup plus foncé que le plus sombre des Jubelee Singers. Nous avons tant vus sur l'estrade des concerts que cela vaudrait à peine d'être signalé si M. Hayes ne s'était pas voué à l'émancipation de ses frères en s'efforçant de montrer qu'un Chamite[154], même asservi aux Yankees, peut prétendre à d'autres fins que la cueillette du coton, le lynchage ou la prospection des opérettes judéo-new-yorkaises. M. Roland Hayes a donc appris l'italien, l'allemand, le français, sans compter l'anglais du moins assez pour chanter Haendel, Beethoven, Schubert et Duparc, qu'il interpréta en effet, salle Pleyel, la semaine dernière. M.Hayes s'applique de toute son âme à ne pas manquer une nuance. Efforts aussi désespérés que ceux d'un de ses cousins de la Martinique qui voudrait parler comme un Tourangeau la langue de Voltaire. Car M. Hayes, si policé, si distingué qu'il soit dans un habit magistralement coupé, à la voix d'un pêcheur congolais, d'un sorcier bambara...[155] »

Cette diatribe raciste reste toutefois une exception si l'on s'en tient à ce que Roland Hayes déclara en 1931: « Un ténor nègre,

---

152 *Le Figaro*, 13 mars 1931, p.6 : « Le célèbre ténor Roland Hayes, créateur en France des negro spirituels songs, qui n'avait pu venir en Europe ces dernières années par suite de ses triomphales tournées aux États-Unis, fera sa rentrée à Paris au mois de mai prochain. »

153 Lucien Rebatet (1903-1972), journaliste à *L'Action française* et à *Je suis partout*. Il fut condamné à mort en 1945, puis gracié en 1947.

154 Personne qui appartient aux populations d'Afrique orientale, dont Cham, le fils de Noé, est considéré comme l'ancêtre.

155 *L'Action française,* 15 mai 1931, p.3.

Roland Hayes, dont la renommée est universelle et qui eut l'honneur de jouer devant le roi et la reine d'Angleterre à Buckingham Palace, a dû errer l'autre jour dans Londres à la recherche d'un hôtel de dernier ordre. Il s'est plaint amèrement de cet ostracisme et a déclaré que la France était le seul grand pays où n'existait pas le préjugé de race.[156] »

Après avoir donné des concerts en Europe et aux États-Unis, Roland Hayes ne reviendra en France qu'en 1937 où ses qualités artistiques furent une nouvelle fois saluées par la presse.

Roland Hayes avait proposé à sa maîtresse de reconnaître leur enfant, mais cette dernière refusa. Il se maria en 1932 et eut une fille qu'il prénomma Afrika. Les anciens amants restèrent toutefois en contact. En 1954, lorsqu'il vint donner un récital à Paris, leur grand-mère emmenèrent Igor et Grichka, revêtus de leurs habits du dimanche, rencontrer leur grand-père, ainsi qu'en a témoigné leur marraine, Monique David : « Leur grand-mère avait voulu que les garçons enfilent leur plus belle tenue : un petit ensemble en velours bleu roi associé à de magnifiques chaussures à boucles. » C'est ainsi qu'à l'âge de cinq ans, ils firent connaissance pour la première fois avec leur grand-père[157].

Roland Hayes mourut à Boston le 1ᵉʳ janvier 1977 à l'âge de 89 ans.

Interrogés en 2013 sur leur grand-père américain, Igor et Grichka Bogdanoff répondirent sobrement : « Notre grand-mère disait avoir voulu ainsi rapprocher les races.[158] »

---

156 *L'Ami du peuple*, 23 mai 1931, p.2.

157 Maud Guillaumin, *Le Mystère Bogdanoff*, L'Archipel, 2019.

158 *Sud-Ouest,* 21 août 2013, « L'été des Bogdanoff sur leur planète Gers », article de Sylvain Cottin.

En 2015, Sasha Bogdanov, la fille d'Igor, rendit hommage à son arrière-grand-père en sortant un clip appelé « Mississippi Blues ».

DE ROLAND HAYES À GRISHKA ET IGOR BOGDANOFF :

Roland Hayes

Né le 3 juin 1887 à Curryville (Géorgie)

Relation avec Bertha Kolowrat Krakowsy (1890-1982)

Décédé le 1er janvier 1977 à Boston (Massachusetts) à l'âge de 89 ans

Maria Dolores Franzyska von Kolowrat-Krakowska

Née le 28 février 1926 à Bâle (Suisse)

Mariée avec Youri Mikhaïlovitch Ostasenko-Bogdanoff (1928-2012)

Décédée le 12 mai 1982 à l'âge de 56 ans

Grichka et Igor Bogdanoff

Nés le 29 août 1949 à Saint-Lary (Gers)

Décédés respectivement les 28 décembre 2021 et 3 janvier 2022 à l'âge de 72 ans

ANDRÉA FERRÉOL : DESCENDANTE DE FRÉDÉRIC MISTRAL

Frédéric Mistral, prix Nobel de littérature en 1904, est né à Maillane, commune située entre Saint-Rémy-de-Provence et Avignon, le 8 septembre 1830, de parents exploitants agricoles. À sa naissance, son père a 58 ans et sa mère 27 ans. Au XVIe siècle, un Mistral, prénommé Antoine, exerçant la profession de laboureur, vivait déjà à Maillane. Il est l'ancêtre de Frédéric Mistral. Ses descendants seront jardiniers de père en fils, puis l'un d'eux sera commerçant à Saint-Rémy-de-Provence. François Mistral (1771-1855), père de Frédéric, retourna vivre sur la terre ancestrale de Maillane.

Faisant valoir directement ses terres, François Mistral a plusieurs employés qui vivent avec lui au mas du Juge, un domaine de 25 hectares, ainsi que nous le révèle le recensement de 1851 : Joseph Nitard, 44 ans, Antoine Daillan, 34 ans, Charles Brun, 18 ans, tous trois domestiques de culture, Alexis Eynaud, 44 ans, berger et Magdeleine Juvénal, 18 ans, domestique[159].

François Mistral meurt à Maillane le 4 septembre 1855. Il est âgé de 84 ans, son fils va avoir 25 ans dans quatre jours. Frédéric Mistral lui rendra cet hommage dans une lettre : « Je suis né à Maillane, en septembre 1830, dans la ferme que mon père s'était acquise par le labeur de ses mains et la sueur de son front (…), il avait conservé toutes les idées austères et pieuses de son temps.

---

[159] Archives départementales des Bouches-du-Rhône, recensement, 1851, cote 6 M 90.

Je n'ai jamais connu d'homme plus vertueux que lui. (…) Je n'ai jamais connu de travailleur plus intrépide que lui ; jusqu'à l'âge de 83 ans, il allait lui-même, briser la motte de ses champs. Je n'ai vu nulle part une foi comme la sienne. Quand la pluie ne lui permettait pas de sortir, ou les jours de fête, il lisait à haute voix le Nouveau Testament, devant la famille et les domestiques pleuraient à chaudes larmes au récit de la Passion. Je vous parle beaucoup de mon vieux père, parce que c'est lui qui m'a rendu poète. Devant ces mœurs antiques, homériques, bibliques, devant ce saint modèle de poésie vivante, je ne pouvais devenir autre que je ne suis, faire autre chose que je n'ai fait.[160] »

Un an après la mort de François Mistral, sa veuve, Adélaïde Poulinet, 52 ans, Frédéric Mistral, 26 ans, Louis Mistral[161], 44 ans, la femme de ce dernier, et trois domestiques : Joseph Nitard, Paul Chauvet et Caroline Saint Hilaire[162] vivent dans le bourg de Maillane. Ils ont donc quitté le mas du Juge pour vivre dans une propriété qui plus tard sera appelée la maison du lézard, en référence au lézard figurant sur le cadran solaire situé au-dessus de la porte d'entrée que fit apposer Frédéric Mistral en 1903. C'est aujourd'hui la médiathèque de la commune.

Frédéric Mistral est très attaché à son village où ses ancêtres étaient déjà présents au XVIe siècle et décide d'y vivre jusqu'à la fin de ses jours. Il y mourra le 25 mars 1914.

---

160 Frédéric Mistral, lettre à Adolphe Dumas, citée dans *Mémoires et récits*.

161 Louis Mistral est issu du premier mariage de François Mistral, il est donc le demi-frère de Frédéric Mistral. Il eu un fils, François, qui en 1862 se suicidera suite à un chagrin d'amour. Onze ans plus tard, son père François Mistral se suicidera aussi.

162 Archives départementales des Bouches-du-Rhône, recensement, 1856, cote 6 M 112.

Voulant réhabiliter et faire revivre la langue d'oc, Frédéric Mistral fonde en 1854, avec six autres poètes provençaux, le Féligibre, association dont le but est la sauvegarde et la promotion de la langue, de la culture et de tout ce qui constitue l'identité des pays de langue d'oc. En 1859, il publie son chef d'œuvre Mirèio (Mireille), un long poème écrit en provençal que Charles Gounod adaptera en opéra.

Il devient très connu en France et est extrêmement populaire à Maillane. Voici la relation par *Le Temps* d'une fête organisée en son honneur en 1868 : « Les poètes catalans devaient arriver hier à six heures de l'après-midi à Maillane, un village à six ou sept kilomètres de Saint-Rémy, où Mistral est né, et qu'il habite. C'est là que les félibres étaient réunis pour les recevoir ; c'est de là qu'ils devaient les conduire, le soir, à Saint-Rémy. Longtemps avant l'heure indiquée, toute la population était dehors, ou sur le seuil des portes, attendant, anxieuse, le grand moment. (…) Les plus impatients du village étaient allés sur la route pour l'apercevoir de loin ce bienheureux omnibus, qui devait contenir plus de poètes dans ses flancs qu'on n'en voit maintenant au palais Mazarin. (…) La réception fut enthousiaste, émouvante, il y avait des gens à qui les larmes en venaient aux yeux. Ne sommes-nous vraiment qu'à deux cents lieues de Paris ? Des musiques jouèrent leurs plus beaux airs : on but le vin de la bienvenue ; puis Mistral conduisit les Catalans vers une vieille maison de ferme que rajeunissaient des guirlandes et des feuillages, et qui est la demeure de sa mère et de son frère aîné. On entre : une collation était servie. Les verres se choquèrent joyeusement. Je remercie mon frère, dit Mistral, de vous avoir si bien accueillis dans ce vieux mas de ma famille. C'est ici que je suis né, c'est ici que j'ai eu le malheur de perdre mon père ; c'est ici que j'ai passé mes meilleures années en écrivant et en aimant Mireille. Ici sont tous les souvenirs de ma vie.[163] »

---

163 *Le Temps,* 16 septembre 1868, p.2.

C'est le 29 juillet 1859 que naît à Maillane, un enfant de père inconnu, fils de Fidèle Athénaïs Ferréol : « L'an mil huit cent cinquante neuf et le trente du mois de juillet, à deux heures après midi, pardevant nous Jean Baptiste Roux, maire officier de l'état civil de la commune de Maillanne canton de Saint Rémy, arrondissement d'Arles, département des Bouches-du-Rhône, est comparue la nommée Adèle Reiffret, femme Blanchet, accoucheuse, âgée de quarante neuf ans, domiciliée à cette commune de Maillanne, laquelle nous a déclaré que hier à deux heures du soir, la demoiselle Fidèle Athénaïs, domestique, âgée de vingt quatre ans, native de Carpentras, domiciliée à Maillanne, est accouchée d'un enfant du sexe masculin, qu'elle nous a présenté et auquel elle a déclaré vouloir donner les prénoms et nom de Marius Antoine Coriolan. Ces déclaration et présentation faites en présence des sieurs Amable Deville, peseur public, âgé de trente deux ans et Joseph Blanc, propriétaire, âgé de soixante ans, tous les deux domiciliés à Maillanne, et ont, la comparante et les témoins, signé avec nous le présent acte de naissance, après que nous leur en avons donné lecture. » (Archives départementales des Bouches-du-Rhône, registre des naissances de la commune de Maillane, année 1859, cote 203 E 572)

À la lecture de cet acte, on est surpris de découvrir que la mère puisse donner à son nouveau-né un patronyme qu'elle aurait elle-même choisi. Non, dans le cas d'un enfant né de père inconnu, l'enfant prenait le nom de sa mère si celle-ci le reconnaissait et, à défaut, ne portait toute sa vie que ses prénoms, sans patronyme. Toutefois, le dernier prénom devenait un patronyme de fait est celui-ci était transmis à ses descendants.

On est également étonné de voir que le nom de famille de la mère ne soit pas mentionné, est-ce une erreur ou un oubli volontaire ?

Coriolan est un curieux patronyme qui a peut-être été suggéré à la jeune bonne illettrée[164] par un homme féru d'antiquité romaine et de littérature et qui pourrait être le père de l'enfant... En effet, Coriolan est un héros romain du Ve siècle avant J.-C. ayant inspiré à William Shakespeare une tragédie où celui-ci apparaît comme courageux, mais aussi intransigeant et susceptible. On note aussi que l'enfant a pour deuxième prénom Antoine, lequel était attribué traditionnellement à la lignée des Mistral, c'est le prénom que portait le grand-père du poète, Antoine Mistral (1747-1827)

La mère de l'enfant est un mystère, outre son rare et curieux prénom d'Athénaïs, il est indiqué dans l'acte de naissance de son fils qu'elle est native de Carpentras, alors que son acte de décès indiquera qu'elle est née à Avignon, distant de 26 kilomètres. Or, son acte de naissance n'a pu être retrouvé ni dans les registres de l'état civil de Carpentras, ni dans ceux d'Avignon. En outre, lors du recensement de 1866, elle déclare se prénommer Adèle[165]. En 1861, selon le recensement fait cette année-là, Frédéric Mistral vit toujours à Maillane avec sa mère et une jeune domestique de 14 ans. Quant à son demi-frère, il a repris le domaine paternel, le mas du Juge, et y vit avec sa femme, ses deux fils et cinq domestiques[166], mais il n'y a aucune trace dans la commune d'Athénaïs (ou Adèle) Ferréol et de son fils. On la retrouve toutefois à Maillane lors du recensement de 1866, elle vit alors avec son fils, exerce le métier de revendeuse et est en ménage avec Louis Antoine Strabon, 21 ans, perruquier. Aux

---

164 En 1869, elle déclarera ne pas savoir signer.

165 Archives départementales des Bouches-du-Rhône, recensement, 186, cote 6 M 159. Il n'y a aucun doute possible puisque son fils Marius Coriolan est indiqué comme vivant avec elle.

166 Archives départementales des Bouches-du-Rhône, recensement, 1856, cote 6 M 137.

recensements de 1872 et 1876, elle est toujours revendeuse à Maillane, mais son concubin l'a quittée.

La seule mention du nom de la mère dans un acte de naissance ne suffisait pas à créer le lien de filiation, il était nécessaire que la mère reconnaissance expressément son enfant pour que légalement, il puisse être le sien. Le 31 décembre 1869, dix ans après sa naissance, Athénaïs Ferréol déclare reconnaître son fils :

« L'an mil huit cent soixante neuf et le trente-un du mois de Décembre, deux heures du soir, par devant nous Jean Baptiste Roux, Maire Officier de l'État Civil de la Commune de Maillanne Canton de Saint Rémy, Arrondissement d'Arles, Département des Bouches du Rhône, est comparue la nommée Fidèle Athénaïs Ferréol, marchande revendeuse, âgée de trente quatre ans, domiciliée en cette commune, laquelle nous a déclaré qu'elle se reconnaît mère d'un enfant du sexe masculin né à Maillanne le vingt-neuf juillet mil huit cent cinquante neuf, inscrit le lendemain sur les registres de l'état civil de cette commune et auquel il a été donné les prénoms et nom de Marius Antoine Coriolan ; ladite déclaration faite en présence des sieurs Amable Deville, secrétaire de la mairie, âgé de quarante-trois ans et Benoni Poullinet, géomètre, âgé de soixante quatre ans, tous les deux domiciliés à Maillanne et après que nous avons donné lecture du présente acte, les témoins l'ont signé avec nous, non la comparante qui nous a déclaré ne savoir signer. » (Archives départementales des Bouches-du-Rhône, registre des actes de naissances de la commune de Maillane, année 1869, cote 203 E 1356)

On retrouve comme témoin Amable Deville, passé en dix ans de peseur public à secrétaire de mairie. Quant au second témoin, Benoni Poullinet, il est l'oncle maternel de Frédéric Mistral.

Athénaïs Ferréol meurt à Aix-en-Provence en son domicile du 17 rue Chastel, le 13 juillet 1881 à l'âge de 46 ans.

En 1859, lorsqu'un fils de famille mettait enceinte la bonne, il ne se mariait pas avec elle pour « réparer », car on se mariait dans le même milieu social, avec une bonne dot et des espérances d'héritage. Imagine-t-on un futur prix Nobel de littérature mariée avec une illettrée ? Quand la bonne tombait enceinte, on la mettait à la porte et si l'on avait quelque honneur, on lui donnait un petit capital ou on lui servait une rente pour assurer l'éducation de l'enfant du pêché, mais il n'était pas question de le reconnaître, car, outre le scandale causé, cela en aurait fait un héritier au même titre que ses demi-frères et sœurs, même si l'enfant naturel avait, en vertu de la loi, droit à une part d'héritage moins importante que celle de ses frères et sœurs issus d'un mariage légitime.

Frédéric Mistral a eu plusieurs projets de mariage, un premier en 1859 avec une demoiselle demeurant à Fontvieille, mais qui voulait lui faire abandonner la littérature ; un second en 1863, avec une demoiselle de Béziers, mais dont la dot était incertaine[167], un troisième en 1870 avec une très riche héritière de 32 ans prénommée Jenny, mais qui n'était pas assez jolie à ses yeux.

Un jour, sa mère s'agaça de son célibat et lui lança : « Que feras-tu quand je ne serai plus là ? Tu auras une bonne avec laquelle tu coucheras ?[168] »

Finalement, Frédéric Mistral décide à 46 ans, en 1876, d'épouser une jeunette de 19 ans, Marie Rivière, mais il n'aura

---

[167] Jean-Pierre Dufoix, *Les lieux de mémoire de Frédéric Mistral à Maillane*, Bulletin de l'Académie des Sciences et Lettres de Montpellier, Tome 33-2, année 2002, p. 394 : « On parle beaucoup d'argent et d'héritages dans cette famille et la dot de l'aimable Gabrielle est menaçante, écrira le Poète. »

[168] Journal d'Edmond et Jules Goncourt, journée du 19 juillet 1889, propos rapportés par Alphonse Daudet aux frères Goncourt.

pas d'enfant avec elle. Alors qu'il est âgé de 60 ans, un journaliste demande à Frédéric Mistral s'il a des enfants, celui-ci répond : « Non, pas encore ». Si cela a fait sourire, compte tenu de son âge déjà avancé quand il fit cette réponse, en réalité sa femme n'avait que 33 ans, ce qui lui laissait encore l'espoir d'avoir un enfant…légitime.

En 1877, le jeune Marius Ferréol obtient du Conseil général des Bouches-du-Rhône un quart de bourse pour continuer ses études à l'École normale primaire d'Instituteurs d'Aix-en-Provence, celui-ci indiquant avoir reçu les renseignements les plus favorables sur l'élève-maître[169]. En 1880, il est nommé troisième adjoint à l'école de la Charité d'Aix-en-Provence[170]. Alors qu'il est instituteur adjoint, il se marie à Aix-en-Provence le 23 août 1882 avec Baptistine Claire Charpin, sous le nom de Marius Antoine Coriolan Ferréol. En 1883, il devient directeur de l'École primaire d'Aix-en-Provence et reste à cette fonction jusqu'en 1917. Il sera conseiller de l'arrondissement d'Aix-en-Provence de 1919 à 1929, ainsi que conseiller municipal de 1925 à 1929. Il est secrétaire du « Sou des écoles laïques », secrétaire du « Dispensaire anti-tuberculeux d'Aix », trésorier de « L'alliance française », et membre de la section cantonale des Pupilles de la Nation, ce qui lui vaut d'être nommé chevalier de la Légion d'honneur en 1931. Il meurt à Aix-en-Provence le 24 juin 1940. Son fils Paul Ferréol (1884-1968) travaillera dans une banque ; il est le grand-père d'Andréa Ferréol.

Il n'existe aucune preuve connue que Marius, né en 1859, enfant naturel d'Athénaïs Ferréol, était le fils de Frédéric Mistral, il y a seulement un faisceau d'indices qui vont dans ce sens, complété par sa réussite dans ses études et son parcours

---

[169] Conseil général des Bouches-du-Rhône, rapport du préfet, session d'août 1877, pp.19-20.

[170] *Le Petit Marseillais*, 25 novembre 1800, p.1.

professionnel, assez inhabituelle pour le fils d'une revendeuse illettrée. Il existe aussi une tradition, transmise de génération en génération, sur cette filiation et qui fut dévoilée en 1996 par le généalogiste Luc Antonini dans son livre intitulé *Un parfum de sud* : « La jeune Athénaïs est placée comme bonne chez Monsieur François Mistral... Son fils, le futur félibre Frédéric Mistral, a une attirance soutenue pour cette jeune et nouvelle servante. De cet amour, ne tarde pas à naître un garçon : Marius-Antoine, mais pas question pour François Mistral que son fils épouse une bonne. [...] Plus tard, toutefois, Frédéric financera secrètement les études de son fils qui deviendra Directeur général des Écoles d'Aix et conseiller de l'arrondissement d'Aix.[171] »

---

171 Luc Antonini, *Un parfum de sud*, chez l'auteur, 1996.

DE FRÉDÉRIC MISTRAL À ANDRÉA FERRÉOL :

Frédéric Mistral

Né le 8 septembre 1830 à Maillane (Bouches-du-Rhône)

Marié le 27 septembre 1876 à Dijon (Côte d'or) avec Marie Louise Aimée Rivière

Décédé le 25 mars 1914 à Maillane (Bouches-du-Rhône) à l'âge de 83 ans

Relation avec Fidèle Athénaïs Ferréol (1837-1881)

Marius Antoine Corolian Ferréol

Né le 29 juillet 1859 à Maillane (Bouches-du-Rhône)

Marié le 21 août 1882 à Aix-en-Provence (Bouches-du-Rhône) avec Baptistine Charpin

Décédé le 24 juin 1940 à Aix-en-Provence (Bouches-du-Rhône) à l'âge de 80 ans

Paul Ferréol

Né le 30 avril 1884 à Aix-en-Provence (Bouches-du-Rhône)

Marié le 23 décembre 1920 à Aix-en-Provence (Bouches-du-Rhône) avec Octavie Carbonnel

Décédé le 11 avril 1968 à Aix-en-Provence (Bouches-du-Rhône) à l'âge de 83 ans

Paul Ferréol

Né le 12 octobre 1918 à Aix-en-Provence (Bouches-du-Rhône)

Marié le 28 octobre 1946 à Aix-en-Provence (Bouches-du-Rhône) avec Aurélie Darbon-Gondrand

Décédé le 2 mai 1997 à Aix-en-Provence (Bouches-du-Rhône) à l'âge de 78 ans

Andréa Ferréol

Née le 6 janvier 1947 à Aix-en-Provence (Bouches-du-Rhône)

LUCIEN GAINSBOURG, DESCENDANT DE SURVIVANTS DE LA SHOAH ET ISSU DE LA FAMILLE D'UN GÉNÉRAL ALLEMAND AU SERVICE DU RÉGIME NAZI

Lucien Ginsburg, connu sous le surnom de Lulu, est né à Paris le 5 janvier 1986. Il est le fils de Serge Gainsbourg (1928-1991) et de la chanteuse Bambou (née en 1959). Il a deux demi-sœurs et un demi-frère : Natacha, née en 1964 et Paul, né en 1968, enfants que son père a eus avec Françoise-Antoinette Pancrazzi ; et Charlotte, née en 1971, fille de Jane Birkin.

Le père de Serge Gainsbourg est né le 27 mars 1896 à Kharkov (Ukraine). Pianiste de profession, il épouse le 18 juin 1918 Brucha Bezman, née en 1894. Après avoir vécu à Batoumi (Georgie) puis à Constantinople (Turquie)[172], les Ginsburg arrivent à Marseille le 25 mars 1921, ayant de faux papiers turcs. Ils montent aussitôt à Paris où Joseph Ginsburg trouve un emploi de pianiste. Il aura d'autres engagements qui l'amèneront à se rendre dans de nombreuses stations balnéaires : Le Touquet, Trouville, Cabourg, Arcachon, Dinard, Thonon-les-Bains, Nice, Fréjus... Leur fils aîné, Marcel, naît en 1922, il meurt à l'âge d'un an d'une pneumonie. Ils ont ensuite une fille, Jacqueline, née en 1926, et enfin les jumeaux Liliane et Lucien, dit Serge, en 1928, qui, non désirés, échappèrent au souhait d'avorter de leur mère : se rendant dans le quartier Pigalle auprès d'un avorteur clandestin, elle trouva sa salle d'opération si sale qu'elle préféra renoncer à son projet.

---

172 La ville prendra le nom d'Istanbul en 1930.

Cette coupure avec son pays d'origine et sa famille, a marqué Serge Gainsbourg qui déclara : « J'ai perdu mes racines, je n'ai jamais connu mes grands-parents.[173] »

En 1931, les Ginsburg demandent leur naturalisation. Après enquête, le préfet qui les croit de nationalité turque en raison des faux papiers qu'ils ont présentés à leur arrivée en France, donne un avis favorable : « M. Ginsburg est en France depuis 1921. Les renseignements recueillis sur cet étranger son bons. N'ayant plus d'intérêts en Turquie il paraît définitivement attaché à notre pays. Il s'est bien adapté à nos mœurs et coutumes. De plus, ses trois enfants sont nés en France. Dans ces conditions, je donne un avis favorable à sa naturalisation.[174] » Le 9 juin 1932, la famille Ginsburg est naturalisée française, soit onze ans après leur arrivée en France.

Dès l'âge de 6 ans, Serge Gainsbourg est mis au piano par son père qui, mécontent de ses résultats, se montre parfois sévère, violent et cruel. Il lui arrive de frapper son fils à coup de ceinturons, de lui tirer les oreilles au point de les décoller, et même de l'enfermer dans un placard.

À partir de 1940, la vie devient plus difficile pour les Ginsburg, Joseph ayant davantage de difficultés à trouver un emploi de pianiste. En 1942, après la promulgation d'un décret interdisant aux Juifs d'exercer une profession artistique, il décide de partir vivre en zone libre, tandis que sa femme et ses enfants restent à Paris. Il change sans cesse de ville : Bandol, Nice, Aix-les-Bains, Toulon et Lyon. Son ami, Pierre Guyot, violoniste et chef

---

173 Damien Panerai, *Serge Gainsbourg, une histoire vraie,* City Éditions, 2010.

174 Doan Bui et Isabelle Monnin, *Ils sont devenus français Dans le secret des archives*, éditions Jean-Claude Lattès, novembre 2010, p.133.

d'orchestre à Limoges, lui trouve un petit logement dans la capitale du Limousin, au 13 rue des Combes. Il y joue du piano dans un quintette sous le nom d'artiste Jo d'Onde. Parfois, des officiers allemands viennent assister à ses représentations. Début 1944, Jacqueline, sa fille aînée, le rejoint, puis un peu plus tard, sa femme et ses deux autres enfants. Grâce à de faux papiers, ils s'appellent désormais Guimbard.

Le jeune Lucien Ginsburg est ensuite placé en pension sous son faux nom au collège de Saint-Léonard-de-Noblat (Haute-Vienne). Un de ses camarades se souvient bien de lui :

« Guimbard était mon voisin de classe en seconde en 1944. Un garçon long, filiforme ; sa façon de s'habiller n'était pas la nôtre. Il était plus élégant, il détonnait. Il avait une passion pour le dessin. Il dessinait souvent au crayon sur un calepin, surtout des silhouettes de femmes. Ce n'était pas un élève brillant.[175] »

La présence d'enfants juifs dans le collège était un secret de Polichinelle, ainsi qu'en témoigne Robert Faucher, un autre de ses camarades de pensionnat : « En classe, il était assis à côté de moi, il parlait peu. Il n'a jamais évoqué sa situation, mais nous la connaissions, car il n'était pas seul dans son cas. Il y avait toujours en permanence une dizaine d'enfants juifs réfugiés au collège. Les profs faisaient tout leur possible pour qu'ils soient noyés dans la masse, ils s'arrangeaient pour qu'ils aient la moyenne, pour qu'ils passent inaperçus » et il confirme que l'élève Guimbard était un cancre : « En classe, il n'écoutait absolument rien. En maths, il savait tout juste compter. Le français ne l'intéressait pas. Il n'y a qu'en anglais qu'il était bon, il avait l'air de le parler couramment. Il passait son temps pendant les cours à dessiner. »

---

[175] Témoignage de Lucien Fusade publié dans *Gainsbourg* de Gilles Verlant, Albin Michel, 2000.

Même la gendarmerie était au courant de la présence de Juifs dans le collège, ainsi que le confirme le témoignage d'un autre de ses labadens : « Mon père était gendarme à Saint-Léonard. Il savait que des enfants étaient cachés au collège. D'ailleurs, beaucoup de Juifs se cachaient dans le village.[176] »

Serge Gainsbourg est insouciant et se pense à l'abri d'une rafle derrière les murs de son pensionnat, ainsi que le révèle une lettre qu'il a envoyée à ses parents en mars 1944 :

« Le directeur a fait savoir que s'il y avait allusion aux faibles[177] il y aurait des conséquences graves pour le moqueur ou l'insulteur, car le directeur n'admet pas que l'on se moque des faibles. De plus ici ils sont très gentils et personne ne fait attention à ma faiblesse, n'ayez aucune crainte à ce sujet, un type qui insulte les faibles se fait parfois passer à tabac par les autres. Mais je vous le répète, personne ne m'a jamais rien dit et personne ne me dira jamais rien. (…) Je répète que pour la énième fois je ne risque rien ici. Tous ceux qui sont dans mon cas se connaissent ici. Ils n'ont jamais eu d'embêtement. En tout cas, n'ayez aucune crainte. Le directeur a demandé des renseignements sur mon cas au ministre de l'instruction[178], et malgré ma santé et même celle de deux surveillants[179] nous sommes ici régulièrement sous la protection du directeur.[180] »

---

176 Témoignages publiés sur le site internet mistergainsbarre.com

177 Serge Gainsbourg utilise ici un langage codé, au cas où sa lettre tomberait entre de mauvaises mains, faible signifiant Juif.

178 Allusion au fait que le directeur dispose d'un informateur au sein de la police qui doit le prévenir en cas descente de la police dans le collège.

179 Allusion au fait que deux surveillants du pensionnat sont également Juifs.

180 Lettre reproduite sur le site internet mistergainsbarre.com

En mars 1944, les parents de Serge Gainsbourg sont arrêtés. De nationalité française, ils sont relâchés deux jours plus tard sous la condition impérative de rester à Limoges. Mais ils préfèrent aller se cacher à Saint-Cyr, au hameau du Grand Vedeix, à une vingtaine de kilomètres d'Oradour-sur-Glane, où ils louent une petite maison. Comme ils n'ont pas respecté leur assignation à résidence, la police de Limoges lance des avis de recherche à leur encontre.

Lucien Ginsburg est un adolescent juif qui peut à tout moment être arrêté par les Allemands avec sa famille et emmené à Drancy, antichambre de la déportation pour Auschwitz. Il est alors loin d'imaginer que dans un peu plus de quarante ans, il aura un fils avec une femme dont la famille compte un *Generalfeldmarschall,* soit le deuxième grade le plus élevé de l'armée allemande, au service du régime nazi d'Adolf Hitler.

Bambou, la mère de Lulu Gainsbourg, compagne de Serge Gainsbourg, est en effet née Caroline Paulus le 1er mars 1959 à Villeneuve-sur-Lot (Lot-et-Garonne). Friedrich Paulus (1890-1957), le général allemand qui eut à combattre l'armée soviétique lors de la bataille de Stalingrad, est son grand-oncle. Ce haut gradé de l'armée allemande n'épousa toutefois pas l'idéologie nazie. C'est lui qui, malgré les ordres d'Adolf Hitler, capitula et se constitua prisonnier à Stalingrad avec toute son armée le 31 janvier 1943. Il accepta même de collaborer avec les Soviétiques et fut présent au procès de Nuremberg, non pas dans le box des accusés aux côtés d'Hermann Göring, Rudolf Hess, Albert Speer et Fritz von Papen, mais en qualité de témoin de l'accusation. Après quelques années passées dans une datcha, où il dispose d'un cuisinier et d'une ordonnance, il est autorisé en 1953 à venir vivre en République démocratique allemande où il meurt en 1957.

C'est un neveu du général Paulus qui est le père de Caroline Paulus, mère de Lulu Gainsbourg. Légionnaire, il se trouvait en Indochine quand il rencontra une jeune Chinoise, espionne dans l'armée de Tchang Kaï-chek. Ils auront six enfants qui seront retirés à leurs parents par la DDASS et placés dans des familles d'accueil. Caroline, dernière de la fratrie, n'a que six mois lorsqu'elle est retirée à ses parents, car son père est d'une grande violence envers sa femme et ses enfants.

Elle vit dans le Lot puis dans la Nièvre, avant d'être récupérée par sa mère à l'âge de 13 ans, elle part alors vivre avec ses frères et sœurs à Paris où à 21 ans elle rencontre Serge Gainsbourg dans une célèbre boîte de nuit parisienne.

Lulu Gainsbourg est donc issu, par son père, d'une famille juive traquée par les Allemands pendant la Seconde Guerre mondiale et, par sa mère, d'une famille ayant compté dans ses rangs un très haut gradé de l'armée allemande.

ADOLF HITLER : SA FAMILLE, SON GRAND-PERE INCONNU

Adolf Hitler est né le 20 avril 1889 à Braunau-sur-Inn (Autriche) de l'union d'Aloïs Hitler (1837-1903) avec Klara Pölzl (1860-1907). Il a eu cinq frères et sœurs issus, comme lui, du troisième mariage de son père avec Klara Pölzl : Gustav (1885-1887), Ida (1886-1888), Otto (1887-1887), Edmund (1894-1900) et Paula (1896-1960). On le voit, les quatre premiers enfants du couple moururent en bas âge, trois de la diphtérie et un de la rougeole, seuls Adolf et sa sœur cadette Paula survécurent. Il a eu également un demi-frère, Aloïs (1882-1956) et une demi-sœur, Angela (1883-1949).

Aloïs Hitler, son père, s'était marié en premières noces, en 1873, avec Anna Glassl (1823-1883), une femme plus âgée, mais aussi plus riche, que lui. Elle était son aînée de quatorze ans et déjà malade lorsqu'il l'épousa. Le couple n'eut pas d'enfant. Les époux se séparèrent quand Anna Glass apprit que son mari la trompait avec Franziska Matzelberger, une jeune servante. Aloïs Hitler eut avec sa maîtresse un fils, Aloïs, né à Vienne le 13 janvier 1882. Aussitôt après la mort de sa femme, le 6 avril 1883, il épousa Franziska Matzelberger, et ils eurent un second enfant, Angela, née le 28 juillet 1883 à Braunau-sur-Inn.

Lorsque sa deuxième épouse atteinte de tuberculose, tomba malade, il demanda à une de ses cousines germaines, Klara Pölzl, 22 ans, de venir s'occuper de ses deux jeunes enfants. Celle-ci devint sa maîtresse. Après la mort de sa femme survenue le 10 août 1884, Aloïs Hitler épousa en troisièmes noces, le 7 janvier 1885, Klara Pölzl et eut avec elle ses six autres enfants, dont Adolf en 1889.

C'est par le demi-frère d'Adolf Hitler, Aloïs Hitler (1882-1956)[181], qu'il existe toujours une famille Hitler, bien que celle-ci ait changé de nom. Aloïs Hitler fut garçon de café, serveur et garçon d'hôtel, il travailla à Vienne, puis à Paris, au Ritz, avant de partir vivre en Irlande où il travailla au Shelbourne Hotel de Dublin. Il y séduisit une jeune fille de 18 ans, Brigid Dowling (1891-1969), fille d'un charpentier irlandais, qu'il épousa à Londres en 1910. Leur fils William Patrick Hitler, naquit le 12 mars 1911 à Liverpool où Aloïs Hitler tenait un restaurant. Il revendit son commerce pour se lancer dans la vente de rasoirs de sûreté, une nouveauté à l'époque. Fin 1913, il décida d'aller prospecter en Allemagne, laissant sa femme et son fils à Liverpool. Quelques mois après son départ, il ne leur donna plus aucune nouvelle, les abandonnant à leur sort. Pour pouvoir survivre, Brigid Hitler devint danseuse dans une troupe. En 1919, elle reçoit une lettre d'un ami de son mari lui annonçant que ce dernier est mort en combattant en Ukraine. Elle est à présent veuve, du moins le croit-elle. Un jour, alors qu'elle se trouve en tournée à Monaco et qu'elle danse sur la scène, elle croit apercevoir dans la salle son mari, accompagné d'une femme. Intriguée, aussitôt sa représentation terminée, elle se rend dans la salle où se trouvent les spectateurs, mais le couple s'est, entre-temps, éclipsé.

Brigid Hitler décide alors d'écrire en Allemagne pour savoir si son mari est vraiment mort. Elle apprend quelques semaines plus tard la véritéb : non seulement son mari est toujours en vie, mais il a refait sa vie ! Il s'est remarié en 1916 avec Hedwig Heidemann et a un fils : Heinrich Hitler, né en 1920[182]. Le couple

---

[181] En 1948, il changea officiellement de nom et se fit appeler Hans Hiller.

[182] Celui-ci payera de sa vie d'être le neveu d'Hitler, capturé en janvier 1942 par les Soviétiques, il mourut torturé à mort dans une prison de Moscou.

renoue des liens et Brigid Hitler finit par pardonner à son mari. En 1929, Aloïs Hitler invite son fils William Patrick, 18 ans, à venir le rejoindre quelques semaines en Allemagne. C'est lors de ce premier voyage que le jeune Patrick Hitler voit pour la première fois son célèbre oncle, lors de l'anniversaire du Parti national-socialiste des travailleurs allemands, sans qu'ils aient toutefois l'occasion de se parler. Patrick Hitler fit un deuxième séjour à Berlin en septembre 1930.

Un soir, alors que la famille Hitler venait tout juste de terminer de dîner, on sonna à la porte : c'était oncle Adolf qui venait leur rendre visite ! Patrick Hitler raconte la suite :

« Avec le plus grand calme, il s'assit, but du café et mangea une énorme quantité du gâteau que ma belle-mère avait préparé. Adolf Hitler ne parlait presque uniquement que de lui. Avions-nous entendu sa dernière harangue ? Avions-nous lu ce que les journaux écrivaient sur lui ? Il était assis sur le sofa, au-dessous d'une photographie grandeur naturelle d'Adolf Hitler, et mangeait du gâteau. Il portait un complet bleu, légèrement râpé. Une boucle de ses cheveux brun clair lui tombait constamment sur le front, et, d'un geste un peu mou, il la remettait chaque fois en place. Ses yeux bleu clair me fascinaient. Il fut très aimable avec moi. Je ne savais guère parler l'allemand, mais le comprenais. Il rit : - Je ne sais que quatre mots d'anglais : *Good morning* et *good night*. Sur ces mots, il partit.[183] »

Rentré en Angleterre, Patrick Hitler reçoit en décembre 1930, un télégramme lui annonçant que son père est gravement malade et qu'on souhaite vivement sa présence à ses côtés. Quelle ne fut pas sa surprise en arrivant à la gare de Berlin de voir son père en bonne santé accompagné de sa tante Angela ! On lui avait tendu un piège pour le faire venir en Allemagne. Aussitôt, un taxi les emmena pour retrouver Adolf Hitler qui les attendait dans une

---

183 *Paris-Soir*, 5 août 1939 : « Mon oncle Adolf par Patrick Hitler.»

chambre d'hôtel. Patrick Hitler raconte la crise de nerf de son oncle :

« Adolf Hitler était furieux. Comme un possédé, il marchait de long en large dans sa chambre d'hôtel. Nous étions assis, très intimidés, sur un canapé, et n'osions souffler mot. Il ne semblait aucunement remarquer que nous étions là. Il courait à travers la chambre, il gesticulait violemment les deux bras, ses cheveux pendaient en désordre dans sa figure, et il se parlait constamment à mots entrecoupés que je ne comprenais d'abord qu'en partie. »

Si Patrick Hitler a été attiré à Berlin, c'est parce qu'il a commis l'imprudence de donner des interviews à la presse britannique et de révéler qu'il était le neveu d'Adolf Hitler.

Il se le voit reprocher vivement de la bouche même de son oncle :

« Les gens ne doivent pas savoir qui je suis. Ils ne doivent pas savoir d'où je viens et de quelle famille, je proviens ! Même dans mon livre[184], je ne me suis pas permis un mot sur ces choses-là, pas un mot ! Et, subitement, on découvre un neveu ! Un neveu ! On va faire des enquêtes ! On va envoyer des limiers sur la piste de notre passé. »

Soudain, Adolf Hitler s'effondre :

« Tout à coup, il se mit à sangloter, oui, il se mit vraiment à sangloter. Il se laissa tomber dans un fauteuil. Des larmes étaient dans ses yeux. Ses mains étreignaient sa tête. Ses poings tambourinaient contre ses tempes. Et il cria d'une voix étouffée par les larmes : *Idiots ! Idiots ! Vous trouverez encore moyen de tout détruire ! Les affaires de famille sont des affaires privées. Je ne pourrais supporter que tout cela soit étalé et débattu*

---

[184] *Mein Kampf*, sorti en deux volumes en 1925 et 1926.

ouvertement en public. Ce jour-là, ce sera ma fin. Ce jour-là, je m'envoie une balle dans la tête. Puis il devint plus calme.[185] »

Rentré en Angleterre, Patrick Hitler ne trouve pas de travail en raison de son nom de famille. Il fait plusieurs séjours en Allemagne, mais ne revoit son oncle qu'en octobre 1933, après que celui-ci ait été nommé chancelier. Adolf Hitler lui donne 500 marks et l'aide à trouver un emploi dans une banque.

Lorsqu'il le revoit quelques mois plus tard, il insiste pour que leur lien de parenté ne soit pas connu :

« On me dit que tu racontes à tout le monde que tu es mon parent. Ça ne me va pas. Je t'interdis de continuer à raconter des choses de ce genre. Tu dois apprendre à te débrouiller. »

Vivant en Allemagne, Patrick Hitler devient ensuite vendeur de voitures pour Opel. Il voit de temps en temps, mais toujours brièvement, son oncle. Fin 1938, le chancelier du Reich le presse de prendre la nationalité allemande, mais il y voit un piège : en devenant Allemand, il perdrait sa nationalité britannique et la protection dont il bénéficie en sa qualité de sujet du roi d'Angleterre. Se sentant surveillé et même menacé, il quitte soudainement l'Allemagne en janvier 1939, sans en avoir prévenu son oncle, et retourne vivre en Angleterre[186].

En mars 1939, Patrick Hitler et sa mère s'embarquèrent sur le *Normandie* pour se rendre aux États-Unis où ils étaient invités par un groupe de presse, pour y donner une série de conférences sur Adolf Hitler. Ce que ce dernier craignait est donc arrivé : son neveu va parler de lui, de sa famille et même, peut-être, révéler quelques secrets de famille et de généalogie.

---

185 *Paris-Soir*, 5 août 1939 : « Mon oncle Adolf par Patrick Hitler. »

186 *Paris-Soir,* 5 août 1939 : « Mon oncle Adolf par Patrick Hitler. »

Présenté comme un « magnifique grand garçon de vingt-huit ans, bien découplé, sportif et plein d'entrain.[187] », le journal *Paris-Soir* reproduit une interview qu'il a donnée à son arrivée à New York :

« Mon oncle, je le hais pour deux raisons : d'abord pour sa politique, et ensuite à cause de sa conduite à l'égard de sa famille. Il ne s'agit pas, d'ailleurs, uniquement de moi, mais aussi des autres membres de notre famille. Certains pourront penser que c'est celui qui a le mieux réussi. Chez nous, nous pensons que c'est celui qui portera la honte sur notre nom.»

Patrick Hitler ne pouvait pas prédire plus juste.

Puis le jeune homme fait cette déclaration :

« Le père de Hitler, était le fils naturel d'une petite paysanne autrichienne, Maria Schicklgruber, et d'un minotier, Johan Hiedler. Le père ayant refusé de connaître l'enfant qu'il avait eu de cette paysanne, Aloïs s'appela longtemps du nom de sa mère, Schicklgruber. Ce n'est qu'à l'âge de quarante ans qu'il obtint des tribunaux l'autorisation de porter le nom de son père naturel, Hiedler, qu'il changea rapidement en Hitler. Aloïs Hiedler-Hitler eut trois femmes et mena une vie assez déréglée. Ceci explique assez facilement que le Führer chancelier du IIIe Reich ne parle jamais de son père. »

En mars 1944, on put lire dans la presse cet article : « William Patrick Hitler, neveu d'Adolf Hitler, qui est âgé de 32 ans et émigra aux U.S.A. en 1940, s'est présenté à la conscription lundi matin, et a été incorporé dans la marine américaine.[188] »

---

[187] *Paris-Soir,* 19 avril 1939 : « Patrick Hitler contre Adolf Hitler. Un neveu du Führer commence aux États-Unis une campagne contre la politique de son oncle ».

[188] *L'Écho d'Alger*, 9 mars 1944.

Le gouvernement américain est ravi : un Hitler va aller combattre les Allemands dans les rangs de l'armée des États-Unis !

Une grande publicité est faite sur cet engagement très particulier. La photo de la prestation de serment de Patrick Hitler lors de son entrée dans la Navy le 6 mars 1944 est diffusée dans toute la presse américaine. La nouvelle recrue est affectée dans une unité médicale et restera dans l'US Navy jusqu'à sa démobilisation en février 1946.

Revenu à la vie civile, naturalisé américain, Patrick Hitler change officiellement de nom, prenant celui de Stuart-Houston. Il se marie en 1947 avec une américaine née en Allemagne, Phyllis Jean-Jacques (1923-2004). Le couple a quatre garçons : Alexander (né en 1949), Louis (né en 1951), Howard (1957-1989) et Brian (né en 1965).

Patrick Hitler meurt le 14 juillet 1987 à Long Island (État de New York) à l'âge de 76 ans.

Marqués par leur patronyme et la folie destructrice de leur grand-oncle, les quatre frères Stuart-Houston, dont le vrai nom est Hitler, auraient passé entre eux un pacte aux termes duquel ils auraient renoncé à avoir des enfants. Derniers représentants de la famille Hitler, ils veulent qu'à leur mort la lignée des Hitler disparaisse à jamais[189]!

---

189 Emmanuel Amara et Alexandra Ranz, *Le Pacte des Hitler, une lignée maudite,* Michalon éditeur, 2015.

LE GRAND-PÈRE D'ADOLF HITLER ÉTAIT-IL JUIF ?

Adolf Hitler ne voulait pas que son neveu parle de sa famille, de ses ancêtres. Avait-il un secret de famille à cacher ? Il savait que son père était né de père inconnu et qu'il s'était longtemps appelé Schicklgruber. Il ne voulait pas que cela se sache, car cette filiation inconnue en ligne paternelle ouvrait la porte à bien des hypothèses, bien des fantasmes. Une faille dans laquelle ses ennemis politiques pourraient s'engouffrer. Bien qu'il ne fut pas antisémite dans sa prime jeunesse, son action politique était basée sur le rejet des Juifs. Que le peuple allemand apprenne qu'il était lui-même d'origine juive l'aurait fortement déstabilisé, voire ridiculisé.

Maria Anna Schicklgruber, la grand-mère paternelle d'Adolf Hitler, était une femme d'origine modeste, ses parents étaient des paysans pauvres d'Autriche. Le 7 juin 1737, âgée de 42 ans, elle donne pour la première fois, sans être mariée, naissance à un garçon qu'elle prénomme Aloïs et qui sera le père d'Adolf Hitler. En mai 1842, elle se marie avec un certain Johann Georg Hiedler (1792-1857) qui ne reconnaît pas le petit Aloïs comme étant son fils, il continua donc de s'appeler Schicklgruber.

Maria Anna Schicklgruber meurt le 7 janvier 1847 à Döllersheim à l'âge de 51 ans, son fils a alors 9 ans. Ne tenant pas à l'élever, son parâtre envoie Aloïs chez son frère, Johann Nepomuk Hiedler (1807-1888), à Weitra (Autriche), pour aider aux travaux de sa ferme. En 1850, le jeune garçon commence un apprentissage pour devenir cordonnier, puis il entre dans l'administration des douanes en 1855.

En 1876, Johann Nepomuk Hiedler, le frère du parâtre d'Aloïs Schicklgruber, accompagné de trois témoins, vint attester auprès du curé de Döllersheim que Johann Georg Hiedler, son frère, mort en 1857, était le père d'Aloïs Schicklgruber. Johann Georg Hiedler était mort depuis 19 ans, il ne pouvait pas contester cette

« reconnaissance de paternité » post mortem. Dans le registre des baptêmes de l'année 1837, à la rubrique « nom du père » qui avait été laissé en blanc pour Aloïs Schicklgruber, le complaisant curé écrivit : « Georg Hitler, religion catholique ».

Grâce à son certificat de baptême modifié, qui servait d'acte de naissance, Aloïs Schickgruber put devenir, à 39 ans, Aloïs Hitler[190]. Mais pourquoi ce changement de nom ? Il est probable que Georges Hiedler n'était pas le père d'Aloïs Hitler, car il ne l'a pas légitimé lors de son mariage avec sa mère qu'il ne connaissait probablement pas lors de la naissance d'Aloïs. Cet ajout sur un registre de baptêmes, trente-neuf ans après, paraît bien suspect. En outre, si ce Hieder avait été vraiment le père d'Aloïs, ce dernier aurait-il accepté qu'il se transforme par suite d'une mauvaise écriture ou d'une erreur de lecture en Hitler ? Si son père avait été Georges Hiedler, il aurait demandé à faire rectifier cette erreur, tenant à porter le nom de son père. Il semble donc qu'il tenait avant tout à changer de nom, Hiedler ou Hitler, peu lui importait.

Dès lors que Georg Hiedler n'était pas le père du douanier Schickgruber, pourquoi ce dernier a-t-il entrepris des démarches pour, à 39 ans, porter un nouveau patronyme qu'il transmettrait à ses futurs enfants ? La réponse pourrait se trouver dans un article de Maurice Verne, publié dans *L'Intransigeant* le 8 décembre 1934. Alors qu'Adolf Hitler était au pouvoir depuis un an, le journaliste est allé enquêter au pont frontière Autriche-Allemagne de Braunau-sur-Inn où le père du chancelier avait travaillé. Il y rencontre des douaniers qui lui disent :

---

[190] *Dans Les secrets du IIIe Reich*, Perrin, 2013, l'historien François Kersaudy, explique si le curé écrivit « Hitler » au lieu de Hiedler» c'est sans doute en recopiant un document notarié établi la veille, dans lequel le nom était pareillement déformé.

« Nous avons connu un dernier homme de notre corps qui avait travaillé avec Papa Hitler, c'était un fort brave homme qui racontait ses malheurs de ménage. Il avait enterré deux femmes et la troisième, la mère d'Adolf n'était pas forte. *Tout va s'arranger avec ma retraite, disait-il, nous irons à la campagne, on aura du lait à nous, des légumes que je ferai pousser et des abeilles*[191]. (…) La Maman Hitler, très douce, dolente, se montrait fière du galon de son mari ; elle avait mis trois enfants au monde à Braunau et cela l'avait encore épuisée, le petit dernier n'était pas fort lui non plus. C'était Adolf. *Il est temps que je prenne ma retraite disait Papa Hitler, pour que ce gamin mène la vie des paysans.* C'est grâce à elle (la mère d'Adolf Hitler) que le Führer porte son nom[192], autrement, il s'appellerait Schicklgruber, ce qui dans la langue allemande, est comme un nom d'opérette, un peu ridicule à cause de sa consonance.[193] »

Ainsi, c'est parce que le patronyme Schicklgruber avait une consonance un peu ridicule qui pouvait donner lieu à des moqueries, qu'Aloïs aurait entrepris de changer de nom, pour lui et ses futurs enfants.

Ce grand-père inconnu, était-il Juif ? Aloïs Hitler a perdu sa mère à l'âge de 9 ans, il est donc peu probable que celle-ci lui ai révélé le secret de ses origines ; dès lors la porte était ouverte à toutes les hypothèses et à toutes les rumeurs, dont Adolf Hitler avait peut-être entendu parler, mais sans connaître la vérité.

---

191 Aloïs Hitler pris sa retraite en juin 1895 et acheta une ferme, puis une maison où il s'adonna à sa passion de l'apiculture.

192 Affirmation contestable car Aloïs Hitler a épousé Klara Pozl, sa troisième épouse, en 1885, or son changement de patronyme a été fait en 1876, date à laquelle il était marié avec Anna Glass.

193 *L'Intransigeant,* 8 décembre 1934, p.12.

Fin 1930, année où il a fait venir à Berlin au moyen d'un subterfuge son neveu pour lui interdire de parler de sa famille, Adolf Hitler a voulu connaître le secret de ses origines en demandant à son avocat, Hans Frank, de faire une enquête. Ce dernier est l'homme de confiance d'Adolf Hitler, adhérent du parti nazi depuis 1923, ce docteur en droit a été son avocat dans une quarantaine d'affaires. Hitler sait que, quel que soit le résultat de ses recherches, Hans Frank en gardera le secret. En 1933, Hitler le nommera ministre et, en octobre 1939, il deviendra gouverneur général de la Pologne.

C'est en 1946, qu'Hans Franck révéla dans ses Mémoires, écrites dans sa cellule de la prison de Nuremberg, dans l'attente de son exécution pour crime de guerre et crime contre l'humanité, le terrible secret d'Adolf Hitler : son grand-père était Juif !

Voici ce qu'il y indique :

« Me montrant une lettre qu'il avait devant lui, il me dit qu'il s'agissait d'une écœurante histoire de chantage portant sur ses propres origines, de la part d'un de ses parents les moins recommandables. Si je ne me trompe, le parent en question était le fils de son demi-frère Aloïs Hitler. »

Hans Frank précise que ce chantage portait notamment sur le fait « qu'il puisse avoir du sang juif dans les veines, ce qui rendrait difficilement justifiables ses prises de positions antisémites » et qu'il le « chargea d'enquêter discrètement sur la question. » Il ajoute : « M'étant renseigné à toutes les sources, j'établis les faits suivants : le père d'Hitler était l'enfant naturel d'une cuisinière nommée Schicklgruber, originaire de Leonding près de Linz, et employée dans une famille de Graz. » et assure :« Le plus étrange dans cette affaire, c'est que la cuisinière Schicklgruber, grand-mère d'Adolf Hitler, était employée par une famille juive du nom de Frankenberger lorsqu'elle donna naissance à son enfant ; et M. Frankenberger a payé à la femme Schickgruber, pour le compte de son fils âgé de dix-neuf ans environ à cette époque (...) une pension alimentaire depuis la naissance de l'enfant jusqu'à sa quatorzième année. Il y avait d'ailleurs un échange de lettres suivi entre les Frankerberger et la grand-mère d'Hitler, d'où il ressortait que les correspondants reconnaissaient tacitement le fait que l'enfant de la femme Schicklgruber avait été conçu dans des circonstances qui rendaient la famille Frankenberger redevable d'une pension alimentaire.[194] »

Hans Frank a-t-il inventé ? Pourquoi ? Quel en aurait été l'intérêt ? Pourquoi aurait-il voulu donner des origines juives à un homme qu'il avait admiré si ça n'était pas vrai ?

À cette révélation, on peut opposer le fait qu'aucune famille Frankenberger ne semble avoir vécu à Graz. Aucun document d'archives n'est donc venu appuyer les révélations d'Hans Frank, mais ceux-ci ont très bien pu être détruits sur ordre d'Adolf Hitler ou lors des bombardements alliés.

En 1965, l'historien américain Robert Waite[195] reprit cette affirmation : Adolf Hitler était le petit-fils d'un Juif[196] ! Pour affirmer que le grand-père d'Adolf Hitler était Juif, il s'appuya sur les déclarations faites par Hans Frank : une famille

---

194 Hans Franck, *Im Angesichi des Galgens* (En face de ma potence), 1953.

195 Robert Waite (1919-1999), historien, diplômé en histoire de l'Université du Minnesota et de l'Université de Harvard où il obtint son diplôme de docteur en histoire en 1949. Professeur au Williams College dans le Massachusetts. Spécialiste du nazisme, il est l'auteur en 1965 de *Hitler ans Nazi Germany*.

196 *Paris-Presse l'Intransigeant*, 1ᵉʳ janvier 1966 : « Hitler était petit-fils de Juif affirme un historien américain ».

Franckenberger a versé jusqu'aux 14 ans d'Aloïs une rente, alors même que Maria Anna Schicklburger les avait quittés.

Et il indique un fait troublant : lorsqu'Adolf Hitler parvint au pouvoir, il interdit aux Juifs d'avoir des employées de maison aryennes en âge d'avoir des enfants. Comme si marqué par l'histoire de sa grand-mère, il ne voulait pas que cela puisse se reproduire. En effet, les Lois de Nuremberg de septembre 1935, rédigées sur l'instruction directe d'Hitler, dans leur partie *Protection du sang allemand et de l'honneur allemand* posèrent cette interdiction en leur article 3 : « Il est interdit aux Juifs d'avoir des employées de maison de sang allemand ou apparenté âgées de moins de 45 ans ».

Cette interdiction est troublante, car elle porte uniquement sur les femmes aryennes de moins de 45 ans, comme la grand-mère d'Adolf Hitler qui avait 42 ans lors de la naissance de son unique enfant. Il y avait clairement la volonté d'éviter qu'un Juif puisse mettre enceinte son employée de maison, sinon la loi n'aurait pas fixé de limite d'âge et se serait appliquée aux deux sexes.

La mesure étonna. On peut ainsi lire dans les colonnes du journal *L'Ami du peuple* : « Hitler toujours sous l'empire de sa phobie contre les Juifs, vient de prendre une mesure vraiment inattendue : il a décidé qu'à l'avenir les bonnes à tout faire aryennes ne serviraient plus chez les Juifs. Cette mesure met sur le pavé vingt-deux mille femmes âgées de 16 à 44 ans, qui se trouvaient d'ailleurs fort bien dans la place qu'elles occupaient et où elles étaient bien traitées à tous les points de vue...[197] »

Il n'existe donc, hormis le témoignage d'Hans Frank, aucune preuve que le grand-père paternel d'Adolf Hitler était Juif, tout comme il n'existe aucune preuve qu'il ne l'était pas.

---

197 *L'Ami du peuple*, 10 octobre 1935, p.2.

LES ENFANTS D'ADOLF HITLER

On prête à Adolf Hitler plusieurs enfants, mais cela reste très incertain, car il ne peut pas être fait de tests ADN, les Russes ayant refusé tout prélèvement sur la partie de la mâchoire et le crâne d'Hitler en leur possession.

Des enfants cachés avec Eva Braun

Le 19 avril 1948, *France-Soir* entreprit de publier en exclusivité les carnets secrets d'Eva Braun. Dans le numéro précédent, le journal expliqua comment ce journal intime est parvenu jusqu'à lui :

« Un jour de 1945, deux hommes et une femme se présentent chez Me Massimiliano Fioresi, notaire à Bolzano (Italie). L'un des visiteurs portait sous le bras un volumineux paquet enveloppé d'un papier d'emballage rougeâtre, et qu'entouraient deux ficelles réunies par un cachet de cire rouge. Requis d'ouvrir ce colis, le notaire lut d'abord sur le sceau les deux initiales E.B., puis les ficelles dénouées, il trouva une seconde enveloppe quadruplement scellée. À l'intérieur, se trouvait encore un papier huilé et brunâtre, simplement gommé. Finalement, le notaire sortit une épaisse liasse de feuillets dactylographiés.

- Voici le journal d'Eva Braun, dit alors l'homme qui avait apporté le singulier paquet.

- Comment l'ingénieur Louis Trenker, domicilié à Bozen, était-il en possession de ce mystérieux dépôt ? Il expliqua qu'il avait fait, en 1937, à Munich, la connaissance de la jeune femme qui devait devenir l'amie du Führer, puis Mme Adolf Hitler. Durant l'hiver 1944-45, il avait revu Eva Braun à Kitzbühel, elle lui avait alors remis une enveloppe scellée en le priant de la mettre en sûreté. Ce ne fut qu'après la mort d'Eva, dans la Chancellerie de Berlin, que le dépositaire se décida à faire ouvrir l'enveloppe par-devant notaire et en présence de deux témoins.[198] »

Voici ce qu'y est écrit dans ce carnet au printemps 1942 :

« Cette fois-ci, il a bougé pour la première fois, je le sens parfaitement sur les parois de mon ventre. Mon Dieu ! quelle drôle d'impression ! Je me suis levée, car j'ai crû tout d'abord que quelque chose allait se passer. Enfin, je suis certaine maintenant qu'une vie existe là. Mon Dieu ! je ne puis le croire, car c'est si exaltant, l'idée que je vais le mettre au monde. Dieu du ciel ! personne, personne hors lui ne doit le savoir.[199] »

Cette paternité d'Adolf Hitler est étayée par un très surprenant article que l'on peut découvrir dans *Paris-Presse* à la date du 12 juin 1945 :

On recherche les deux enfants de Hitler

LONDRES, 11 juin – Le « Daily Express » annonce que les autorités russes, britanniques et américaines recherchent actuellement avec le plus grand soin les deux enfants que, selon certains témoignages concordants, Hitler aurait eus d'Eva Braun. Ces enfants seraient un garçon âgé de cinq ans et une fille de quatre ans. Hitler aurait réussi à leur faire quitter Berlin à la dernière minute.

C'est en particulier le témoignage de M. Erik Welsslen, attaché à la légation de Suède à Berlin et l'un des tout derniers diplomates restés en contact avec le Q.G. de Hitler pendant le siège, qui a donné créance à cette information. M. Welsslen rapporte en effet que certaines hautes personnalités du régime nazi connaissaient l'existence des deux enfants ; mais le secret

---

198 *France-Soir*, 18 avril 1945, p.1.

199 *France-Soir*, 8 mai 1948, p.4.

avait été jusqu'ici fidèlement gardé à ce sujet par tous les intimes de Hitler. »

Le même jour, *France-Soir* indique que ces deux enfants seraient à Stockholm[200].

En vérité, il ne paraît pas possible qu'Eva Braun ait eu des enfants avec Adolf Hitler, car ses grossesses auraient été connues et aucune personne proche du couple n'a confirmé leur existence. Il s'agit donc d'un bobard de guerre, comme il en a existé beaucoup en 1945, notamment qu'Adolf Hitler ne s'était pas suicidé et s'était réfugié en Argentine.

Quant au journal intime d'Eva Braun, il fut facilement reconnu comme faux tellement il contenait d'invraisemblances.

Gisela Heuser

En juin 1966, sortit un livre qui fit quelque bruit, son titre était : *Adolf Hitler mon père*. Bien que le nom de son auteur n'apparaissait pas sur la couverture, il était censé avoir été écrit par une jeune allemande de 29 ans s'appelant Gisela Heuser. Dans ce livre édité par l'Agence Littéraire Européenne (A.L.E.) et que l'on peut encore se procurer sur Internet, Gisela Heuser pose en couverture devant une croix gammée. L'éditeur y a ajouté un bandeau de papier avec cette mention : « L'affaire qui bouleverse le monde entier ».

Dans l'avant-propos, on peut lire que « c'est seulement après un pénible drame de conscience qu'elle a décidé de s'expliquer publiquement devant l'opinion mondiale en écrivant ses

---

200 *France-Soir*, 12 juin 1945, p.1 : « Les deux enfants d'Hitler et d'Eva Braun seraient à Stockholm. On recherche à Stockholm les deux enfants – un garçon de cinq ans et une fille de quatre ans – qu'auraient eus Hitler et Eva Braun.»

Mémoires » et que « par-delà notre génération, la fille du plus sanglant dictateur de l'Histoire s'adresse aux générations futures et elle leur dédie ce bouleversant document humain d'une sincérité encore jamais atteinte par les auteurs de Mémoires historiques. »

Née en 1937, mannequin de profession, Gisela Heuser y raconte qu'elle est la fille de la grande athlète Tilly Fleischer (1911-2005), médaillée d'or au lancer du javelot aux Jeux olympiques de Berlin et que celle-ci a eu une liaison d'un soir avec le chancelier Hitler, dont elle est le fruit.

Mais quelques semaines après la parution du livre, on apprit qu'elle n'en était pas l'auteur. En janvier 1965, elle avait signé un contrat avec son fiancé d'alors, Philippe Krischer, pour qu'il l'écrive à sa place.

S'étant séparé de son fiancé, fâchée avec celui-ci, elle demanda à la justice française d'interdire le livre, déclarant : « Je suis bien une fille naturelle de l'ancien Führer, mais je ne suis pas l'auteur de ce livre – publié par mon ancien fiancé, sous ma signature – qui comporte de graves inexactitudes. »

Sa demande fut appuyée par sa mère et le mari de celle-ci, légalement son père, le docteur Fritz Heuseur, de Francfort-sur-le-Main. Elle obtint gain de cause. Le livre fut interdit de publication et les exemplaires en vente furent saisis et détruits. Seuls subsistent les premiers exemplaires qui furent achetés avant l'interdiction.

Peu de temps après, répondant à une interview Gisela Heuser nia être la fille naturelle d'Adolf Hitler et déclara que son fiancé, Juif, petit-fils de rabbin, avait tout inventé !

L'enfant italien d'Adolf Hitler

En octobre 1966, la presse relaya la déclaration d'un prêtre italien affirmant qu'Adolf Hitler avait eu un enfant avec une Italienne :

« Hitler a-t-il eu un fils pendant la guerre de 1914-1918 en Italie ? Cette question tracasse les historiens depuis qu'ils ont eu connaissance des déclarations faites à Trévise par Mgr Giovanni Pasin. Archiprêtre de Soligo pendant la Grande Guerre, Mgr Pasin, qui a aujourd'hui 85 ans, affirme avoir connu le führer qui n'était alors qu'un jeune caporal du service de subsistance de l'armée autrichienne. Hitler était notamment chargé de l'attribution des vivres à l'asile d'aliénés de Soligo. Un jour, Mgr Pasin le surprit en compagnie d'une jeune paysanne. Le comportement du couple ne laissait aucun doute. D'ailleurs, la jeune fille enceinte, devait quelque temps plus tard quitter le pays. Mgr Pasin pour confirmer ses déclarations possède des photos sur lesquelles effectivement apparaît un caporal qui ressemble à Hitler. Mais pour l'instant, aucun document ne permet d'établir que le führer ait effectivement séjourné en Italie durant la Première Guerre mondiale.[201] »

Soligo est une petite ville de 2.500 habitants située au nord de l'Italie. On aurait peut-être tort de traiter avec mépris les révélations faites par cet archiprêtre, car, fait inconnu en 1966, un bibliothécaire et érudit italien aurait récemment découvert qu'Adolf Hitler se trouvait bien dans cette ville en 1918. En fait, il ne s'agirait pas d'une fille, mais d'un fils.

En 2017, un livre écrit par Lucio Tarzariol est publié en Italie sous le titre « Il Figlio Segreto Di Hitler in Italia », ce qui en français signifie : « Le fils secret d'Hitler en Italie ». Il est ainsi présenté :

---

201 *Paris-Presse*, 16 octobre 1966.

« L'artiste, bibliothécaire et érudit Lucio Tarzariol de Castello Roganzuolo souligne et constate avec de nouvelles preuves tangibles, le témoignage incroyable d'un curé de la paroisse vénitienne qui confirme la présence du caporal Adolf Hitler en Italie à Soligo en 1917, pendant la Première Guerre mondiale, après la défaite de Caporetto. Hitler, après de brèves vacances accordées par son régiment (16e RIR) qui le voit d'abord à Dresde puis à Berlin, entre dans un service de subsistance de l'infanterie austro-hongroise, puis en Italie, à Soligo, où il tisse une relation sentimentale avec une jeune femme de la région qui a un fils de lui en 1919... L'auteur recueille et présente les éléments de preuve et les témoignages du vieux curé de Soligo, originaire de cette petite ville de la province de Trévise, enrichi de nouvelles enquêtes et de nouveaux éléments de preuve photographiques et documentaires qui attestent de la véracité de ce fait. »

Sur la couverture du livre, se trouve une photographie représentant plusieurs soldats allemands se trouvant à Soligo, dont un serait le caporal Hitler, mais la ressemblance est loin d'être évidente. On peut donc avoir quelques doutes...

Jean-Marie Loret

Jean-Marie Loret est un enfant naturel né à Seboncourt dans l'Aisne, le 25 mars 1918, dont la mère, Charlotte Lobjoie (1898-1951) lui révéla en 1948 son terrible secret : il est le fils d'Adolf Hitler. Il a été prouvé que le futur chancelier allemand se trouvait bien dans la région où vivait sa mère lorsqu'elle tomba enceinte d'un soldat allemand. En outre, avant que Jean-Marie Loret – dont la ressemblance physique avec Adolf Hitler est assez frappante - ne révèle le secret de sa filiation en 1981, l'historien allemand Werner Maser avait découvert dans les années 60 qu'Hitler avait eu un enfant avec une Française pendant la Première Guerre mondiale, sans savoir ce qu'il était devenu.

Lorsque la mère de Jean-Marie Loret parla à son fils de l'homme qui l'a mise enceinte, son récit est troublant tant sa description ressemble à celle d'Adolf Hitler :

« Un jour, je faisais les foins avec d'autres femmes lorsqu'on vit un soldat allemand installé de l'autre côté de la rue. Il avait une sorte de carton et semblait dessiner. Toutes les femmes trouvèrent intéressant ce soldat et se montrèrent curieuses de savoir ce qu'il dessinait. Je suis désignée pour essayer de l'approcher. (…) Lorsque ton père était là – très rarement – il aimait m'emmener dans des promenades à la campagne. Mais ces promenades se terminaient en général plutôt mal. En effet, ton père, inspiré par la nature, entreprenait un discours auquel je ne comprenais pas grand-chose. Ne pouvant s'exprimer en français, il déclamait en allemand, s'adressant à un auditoire absent.[202] »

Certes, en 2014 des tests ADN faits par le médecin légiste et anatomo-pathologiste Philippe Charlier infirment cette filiation[203], mais ils sont contestables, car on a comparé l'ADN d'un fils de Jean-Marie Loret avec des cousins éloignés d'Adolf Hitler, or rien ne prouve que ces cousins étaient le fils de leur père et que leur père était bien le fils de leur grand-père…

---

[202] *Le Point*, Le fils français caché d'Adolf Hitler, février 2012, article de Jérôme Béglé.

[203] *Hitler, mon grand-père ?*, film documentaire de David Korn-Brzoza, 2014.

LES DERNIERS BOURBONS

Le comte de Chambord et ses demi-sœurs

L'histoire a retenu que la branche aînée des Bourbons s'est éteinte avec le comte de Chambord (1820-1883), le fils posthume du duc de Berry (1778-1820) qui était le fils de Charles X (1757-1836), dernier roi de France. Le comte de Chambord n'aurait pas réussi à accéder au trône de France, en raison de son refus d'accepter le drapeau tricolore comme emblème national, lui préférant le drapeau blanc de ses ancêtres. Il aurait fait de la couleur du drapeau une question de principe.

Les Bourbons accédèrent au trône de France en 1589 lorsqu'Henri de Bourbon devint roi à la suite de son cousin Henri III, dernier représentant de la dynastie des Valois, sous le nom d'Henri IV. Succédèrent à Henri IV, son fils Louis XIII, puis son petit-fils Louis XIV. Louis XV (1710-1774), arrière-petit-fils de Louis XIV, eut dix enfants avec la reine Marie Leszczynska, huit filles et deux garçons dont l'un mourut à l'âge de 2 ans. Les espoirs de continuité dynastique reposèrent donc sur son fils unique prénommé Louis, né en 1729, c'est pourquoi, comme son père, il fut marié très jeune, à 15 ans, et devenu veuf sans postérité, remarié à 17 ans. Il eut avec sa seconde épouse huit enfants, ses fils régnèrent sous le nom de Louis XVI, Louis XVIII et Charles X. Louis de France, lui, ne régna pas, car il mourut neuf ans avant son père, en 1765. À la mort de Louis XV, en 1774, c'est donc l'aîné de ses petits-fils qui lui succéda sous le nom de Louis XVI, ce dernier était alors âgé de 19 ans et marié depuis quatre ans.

Louis XVI eut avec Marie-Antoinette, deux garçons : Louis, le premier dauphin, qui mourut en 1789 et Louis XVII, officiellement mort à la prison du Temple en 1795, soit deux ans après l'exécution de son père. Louis XVIII succéda à son neveu, il régna de 1814 à 1824, avec une interruption en 1815. N'ayant pas eu d'enfant, c'est son frère cadet Charles X qui lui succéda à sa mort en 1824. Celui-ci avait deux fils ; son aîné, le duc d'Angoulême (1775-1844), appelé à lui succéder et donc à devenir roi de France, ne parvint pas à avoir un enfant avec son épouse. C'est donc uniquement sur son frère cadet, le duc de Berry, né en 1778, que les espoirs de continuité dynastique reposèrent. Celui-ci se maria en 1816 à 38 ans avec Caroline des Deux-Siciles et eu une fille, Louise, née en 1819 à Paris, au palais de l'Élysée.

Le dimanche 13 février 1820, le couple princier se rendit à l'Académie royale de musique pour assister à la représentation du *Carnaval de Venise*. Vers 23h, se sentant fatiguée, la duchesse de Berry souhaita rentrer chez elle. Son mari la raccompagnait jusqu'à sa voiture lorsqu'il fut frappé d'un coup de poignard à la poitrine. Louis Pierre Louvel, un ouvrier sellier dont la motivation était de « détruire la souche » des Bourbons, est arrêté. Le duc de Berry retira lui-même le poignard enfoncé dans sa poitrine. On le transporta agonisant dans le petit salon de la loge de l'opéra, puis après intervention des médecins et un léger mieux, dans une salle plus vaste.

Laissons Chateaubriand raconter la suite :

« On a déjà raconté que Mgr le duc de Berry, libre en Angleterre, avait eu une de ces liaisons que la religion réprouve et que la fragilité humaine excuse... Mgr le duc de Berry cherchant en vain dans sa conscience quelque chose de bien coupable, et n'y trouvant que quelques faiblesses, voulait pour ainsi dire les rassembler autour de son lit de mort, pour justifier au monde la grandeur de son repentir et la rudesse de sa pénitence.

Il jugea assez bien de la vertu de sa femme pour lui avouer ses torts et pour lui témoigner le désir d'embrasser les deux innocentes créatures, filles de son long exil. « Qu'on les fasse venir, s'écria la jeune princesse, ce sont aussi mes enfants.»

Les deux petites étrangères arrivèrent au bout de trois quarts d'heure ; elles se mirent à genoux en sanglotant au bord du lit de leur seigneur, les joues baignées de larmes et les mains jointes. Le prince leur adressa quelques mots tendres en anglais, pour leur annoncer sa fin prochaine, leur ordonner d'aimer Dieu, d'êtres bonnes et de se souvenir de leur malheureux père. Il les bénit, les fit relever, les embrassa, et, adressant la parole à Mme la duchesse de Berry : « Serez-vous assez bonne, lui dit-il, pour prendre soin de ces orphelines ? »

La princesse ouvrit ses bras où les petites filles se réfugièrent ; elle les pressa contre son sein, et, leur faisant présenter Mademoiselle[204], elle leur dit : « Embrassez votre sœur. » Pauvre Louise, s'écria alors Monseigneur le duc de Berry, en s'adressant à la plus jeune, vous ne verrez plus votre père !

On était partagé entre l'attendrissement pour le prince et l'admiration pour la princesse.[205]»

---

204 Louise d'Artois (1819-1864) fille du duc de Berry et de Caroline des Deux-Siciles. Elle épousera en 1845 Charles III de Parme avec lequel elle aura quatre enfants, dont Robert, duc de Parme (1848-1907) qui eut vingt-quatre enfants.

205 Vicomte de Chateaubriand, Mémoires, lettres et pièces authentiques touchant la vie et la mort de S.A.R. Monseigneur Charles-Ferdinand d'Artois, fils de France, Duc de Berry. Le Normant, 1820.

Le duc de Berry se confessa auprès de l'évêque de Chartres et reçu l'extrême-onction du curé de Saint-Roch, il mourut à six heures et demie du matin.

Outre ses deux filles nées pendant son exil en Angleterre, le duc de Berry avait eu d'autres enfants naturels. D'une liaison avec Eugénie Virginie Oreille (1795-1875), danseuse à l'Opéra, il eut deux fils : Charles Louis Auguste Oreille de Carrière (1815-1858) et Ferdinand Oreille de Carrière (1820-1876). D'une liaison avec Mary Bullhorn, comédienne écossaise, il eut une fille en 1807. Elle fut naturalisée en 1815, on lui donna le nom de Marie de la Boulaye et se maria avec Henri-Louis Bérard. D'une liaison avec Marie-Sophie de La Roche (1795-1883), il eut deux fils : Charles-Ferdinand (1817-1908) et Charles (1820-1901). Et d'une liaison avec Lucie Cosnefroye de Saint-Ange (1797-1870), comédienne, il eut une fille, Alix Mélanie (1820-1892). Le duc de Berry avait donc de nombreuses liaisons extraconjugales. En 1820, il a donc eu quatre enfants posthumes de quatre femmes différentes !

Aussitôt après la mort de son mari, la duchesse du Berry révéla qu'elle était enceinte. Du sexe de l'enfant à naître – fille ou garçon – dépendait la continuité dynastique, car en France, contrairement à d'autres royaumes, seuls les hommes peuvent régner. Si c'est une fille qui devait être mise au monde, la branche aînée des Bourbons s'éteindra et le trône passera à leurs cousins, les Bourbons d'Espagne ou les Orléans.

Chateaubriand raconte que peu après l'assassinat du duc de Berry, il vit à l'Opéra Louis-Philippe, duc d'Orléans, et écrit dans ses Mémoires : « Je fus frappé d'une expression mal déguisée, jubilante, dans ses yeux, à travers la contenance contrite qu'il s'imposait, il voyait de plus près le trône.[206] »

---

206 Chateaubriand, *Mémoires d'outre-tombe*, livre vingt-cinquième, chapitre 2, Gallimard, la Pléiade, 1951, tome 2, p.23.

Mais c'est un garçon qui naquit à Paris le 29 septembre 1820.

Afin qu'il ne puisse pas être contesté que l'enfant était de sexe masculin ou que des rumeurs de substitution d'enfant puissent courir, on fit venir des témoins dans la chambre où la Duchesse de Berry avait accouché, avant que le cordon ombilical ne fut coupé. Voici le témoignage de l'un d'eux, établi sur procès-verbal :

« Nicolas-Victor Lainé, âgé de 24 ans, marchand épicier, demeurant rue de la Tixanderie, n°52, grenadier au 4e bataillon, 9e légion de la garde nationale de Paris,

Déclare ce qui suit :

J'étais en faction à la porte du pavillon Marsan ; une dame vint m'engager à monter dans l'appartement de Mme la duchesse de Berry, pour attester que S.A.R. était accouchée d'un Prince : j'y montai de suite ; je fus introduit dans la chambre de la Princesse, où il n'y avait encore que M. Deneux et une autre personne de la maison. Au moment où j'y entrai, je remarquai que la pendule marquait deux heures trente-cinq minutes. La Princesse m'invita elle-même à vérifier le sexe de l'enfant, et la circonstance qu'il n'était pas encore détaché de sa mère ; je reconnus en effet qu'il en était ainsi. Bientôt arrivèrent MM. Paigné et Dauphinot, M. le duc d'Albuféra, et ensuite M. Triozon. Ce n'est qu'après leur arrivée, et en leur présence, qu'a eu lieu la section du cordon, après vérification faite du sexe de l'enfant, qui a été reconnu être du sexe masculin.[207] »

Le nouveau-né fut appelé l'enfant du miracle. Miracle de la continuité dynastique, reposant sur un seul mâle depuis plusieurs générations. Mais le duc de Bordeaux, appelé également comte de Chambord, ne régna jamais sous le nom d'Henri V. La

---

[207] Le Drapeau blanc, 1er octobre 1820, p.1.

Révolution de 1830 renversa définitivement les Bourbons et porta au pouvoir son cousin Louis-Philippe, descendant du frère de Louis XIV, ayant dans la charte le titre de roi des Français et non plus de roi de France. Il fut à son tour renversé en 1848. Après la Seconde République (1848-1852), ce fut Napoléon III qui devint Empereur des Français jusqu'à la proclamation de la République le 4 septembre 1870. Après les élections législatives de 1871, les députés royalistes sont largement majoritaires à l'Assemblée nationale. Pourtant, en 1873, le comte de Chambord, refusant avec entêtement le drapeau tricolore comme emblème de la France, ne parvient pas à devenir roi de France. Comme son oncle le duc d'Angoulême, il n'était pas parvenu à avoir un enfant avec son épouse Marie Thérèse de Modène, si bien que même si en 1873, il avait réussi à devenir roi, une crise institutionnelle aurait probablement eu lieu à sa mort, dix ans plus tard.

Ses plus proches parents étaient les Bourbons d'Espagne, descendant d'un petit-fils de Louis XIV, mais ils n'étaient pas de nationalité française. Quant aux Orléans, leur légitimité pour régner sur la France aurait été contestée à cause des Bourbons d'Espagne. D'ailleurs, la majeure partie des dynasties européennes considéraient les Orléans comme illégitimes et leur refusait leurs filles en mariage. En outre, beaucoup de royalistes n'aimaient pas les Orléans, car Louis-Philippe d'Orléans (1747-1793), dit Philippe Égalité, père de Louis-Philippe (1773-1850), dont le petit-fils Philippe d'Orléans (1838-1894) aurait pu succéder en 1883 à Henri V sous le nom de Philippe VII, avait voté la mort de son cousin Louis XVI, ce qui constituait une tache indélébile aux yeux de beaucoup de royalistes. Celui-ci poussa même l'ignominie jusqu'à assister à la décapitation de Louis XVI depuis son cabriolet posté sur le pont de la Concorde. Neuf mois plus tard, il fut à son tour guillotiné au même endroit que son cousin !

Le duc de Berry était parti en exil avec son père, le futur Charles X, dès le 16 juillet 1789, soit deux jours après la prise de la Bastille. Il vivait en Angleterre lorsqu'il rencontra en 1804[208] une certaine Amy Brown (1783-1876), fille d'un pasteur de l'Église anglicane qui devint sa compagne. Ils eurent ensemble deux filles, nées à Londres : Charlotte, née en 1808, et Louise, née en 1809.

Voici, traduit de l'anglais, l'acte de baptême de sa fille aînée :

« Aujourd'hui samedi 30 novembre 1809 a été présentée une fille nommée Charlotte Marie Augustine, fille de Charles-Ferdinand et d'Amy Brown, laquelle a été ondoyée le 18 de juillet 1808 par M. l'abbé Chené, à la chapelle française de King Street, et j'ai suppléé aux autres cérémonies du baptême ; le parrain le comte Auguste de La Ferronays et la marraine Marie Charlotte, comtesse de Montsoreau, qui ont signé avec nous.[209] »

Lors du retour inespéré au pouvoir des Bourbons en France en 1814, sa concubine et ses deux fillettes le suivirent et vécurent discrètement à Paris, dans un hôtel particulier de la rue de Clichy[210], puis de la rue Neuve-des-Mathurins. Leur père venait très souvent les voir. En juin 1820, après la mort du duc de Berry, elles furent naturalisées françaises et titrées. l'aînée reçut le titre de comtesse d'Issoudun, la cadette celui de comtesse de Vierzon, deux villes du Berry dont leur défunt père avait été le duc.

---

208 Selon l'historien André Castelot, ce serait en 1803 que le duc de Berry aurait rencontré Amy Brown. André Castelot, *Le duc de Berry et son double mariage*, Sfelt, 1950.

209 Extrait du registre des actes de baptêmes de la chapelle de Sa Majesté Catholique à Londres, reproduit dans *Le Figaro* du 15 septembre 1902, p.1.

210 À l'emplacement duquel se trouve le lycée Chaptal.

Sur décision de leur grand-père Charles X, Charlotte, l'aînée, fut mariée à 15 ans en 1823, avec le prince Ferdinand de Faucigny-Lucinge (1789-1866), officier supérieur des gardes du corps de S.A.R. Monsieur frère du Roi et aide de camp de Monsieur le duc de Bordeaux. Elle décéda à Turin le 13 juillet 1886 à l'âge de 78 ans. Son fils, Charles de Faucigny-Lucinge (1824-1910) est le bisaïeul d'Anne-Aymone Sauvage de Brante, l'épouse de Valéry Giscard d'Estaing. On retrouve aussi dans sa descendance le prince Jean de Broglie (1921-1976), secrétaire d'État chargé de la fonction publique, assassiné le 24 décembre 1976.

Louise, la cadette, fut mariée en 1827 à un filleul de Charles X : Charles Athanase Marie de Charrette de La Contrie (1796-1848). Elle mourut en 1891 à l'âge de 82 ans. Parmi sa descendance, on retrouve l'ancien ministre Hervé de Charrette (né en 1938).

Les termes utilisés dans leurs actes de mariage furent choisis avec soin. L'acte indique que le père de la mariée s'appelle *Charles-Ferdinand*, ce sont les prénoms du duc de Berry, mais il ne mentionne aucun patronyme. En outre, il n'est pas précisé si la mariée est issue d'un mariage légitime. On ne mentionne pas non plus la date et le lieu de décès du père[211]. Le maire du 1er arrondissement de Paris s'est donc montré très complaisant.

Amy Brown ne mourut qu'en 1876, son décès fut déclaré par un domestique et l'instituteur du village : « L'an mil huit cent soixante seize, le sept mai, à midi, par devant nous Henri Poupet, maire, officier de l'état civil de la commune de Couffé, canton de Ligné, arrondissement d'Ancenis, département de la Loire Inférieure, sont comparus : Macé Pierre âgé de cinquante six ans, domestique au château de la Contrie[212], commune de Couffé, et Ouvrard Louis âgé de vingt neuf ans, instituteur à Couffé, les

---

211 *La Justice*, 12 juillet 1881, p.3.

deux voisins de la défunte, lesquels nous ont déclaré que ce matin à cinq heures Amy Brown, âgée de quatre vingt treize ans, née à Maidstone, comté de Kent (Angleterre) rentière audit château de la Contrie, filles des défunts Joseph Brown et Marie Anne Deacon, veuve de Charles Ferdinand, est décédée en sa maison, ainsi que nous nous en sommes assurés. Lecture faite du présent acte aux comparants, nous l'avons signé avec eux, lesdits jour, mois et an. » (Archives départementales de la Loire-Atlantique, cote 3 E 48 24)

On note que la défunte est déclarée comme veuve de Charles Ferdinand, il y aurait donc bien eu un mariage entre le duc de Berry et Amy Brown ; c'est ce que cette dernière affirmait, mais sans jamais l'avoir prouvé. Jean de Charrette, son arrière-arrière-petit-fils, a témoigné qu'une de ses tantes lui avait raconté cette anecdote : elle avait trouvé Amy Brown, alors déjà fort âgée, le visage bouleversé, de grosses larmes coulant sur ses joues ridées et lui disant : « Ils prétendent que je ne suis pas mariée, et pourtant, je le suis ![213] » Ce mariage aurait eu lieu à la chapelle catholique de King-street de Londres en 1806[214].

Les gendres d'Amy Brown tenaient au caractère légitime de la naissance leurs épouses. Lorsqu'en 1872, M. Dussieux, ancien professeur d'histoire de l'école de Saint-Cyr, a publié une *Généalogie de la maison de Bourbon* dans laquelle il est indiqué qu'Amy Brown était la maîtresse du duc de Berry, avec laquelle il a eu deux filles, ils lui écrivirent pour protester et lui dire qu'ils avaient épousé des filles légitimes et non des bâtardes[215].

---

212 Le château de la Contrie est celui du baron de Charette.

213 André Castelot, *La Duchesse de Berry,* Librairie académique Perrin, 1963.

214 *La Justice,* 12 juillet 1881, p.3. Comme en France jusqu'en 1792, il n'existait pas alors de mariage civil en Angleterre.

En 1906, le Comte d'Aleyrac témoigna :

« Ces actes, ces preuves, la baronne de Charrette les avait toujours à la portée de sa main, je l'ai moi-même constaté maintes fois, dans une cassette, dont elle ne se séparait jamais. Je l'ai vue, en un jour de noces, chez elle, au château de la Contrie, près Ancenis, emporter sous son bras, à table, la précieuse cassette, tant elle craignait que par une intrigue, profitant du va-et-vient d'une fête nombreuse, on lui volât ses précieux documents.[216] »

En 1944, Agnès Ferdinande de Lucinge, arrière-petite-fille du duc de Berry et d'Amy Brown affirma sur l'honneur et dans une déclaration notariée « qu'en 1895, elle avait eu entre les mains et pris connaissance de l'acte de mariage de Charles Ferdinand, duc de Berry, avec Amy Brown.[217] »

Si ce mariage a existé, il rendait nul le second mariage du duc de Berry, le premier n'ayant pas été dissous. En France, pour pouvoir prétendre au trône, il fallait être issu d'un mariage légitime, être le premier descendant mâle du roi et être de religion catholique. En 1593, Henri IV s'est converti au catholicisme pour pouvoir devenir roi de France. En vertu de la loi salique qui consacre le principe de la primogéniture mâle, Louise, la fille du duc de Berry, ne pouvait donc pas prétendre au trône de France, bien qu'elle fût la sœur aînée du comte de Chambord. La notion juridique de mariage morganatique, qualifiant le cas d'un roi ou d'un prince appelé à régner se mariant avec une femme de rang inférieur, dont les enfants, en raison de ce mariage, ne peuvent

---

215 *L'Événement*, 19 juillet 1882, p.1.

216 *Gil Blas*, 17 octobre 1906, p.1.

217 *Paris-Presse, L'Intransigeant,* 26 novembre 1950, p.2 : « Le secret du double mariage du duc de Berry bouleverse toute l'histoire politique du XIXe », article d'Alain Decaux.

pas prétendre régner, ne s'appliquait pas dans le royaume de France. Le seul fait d'être catholique et d'être un enfant légitime suffisait pour devenir roi. Par chance, le duc de Berry n'avait officiellement eu que deux filles avec Amy Brown, ce qui évitait bien des difficultés.

George Brown

Le duc de Berry et Amy Brown se sont rencontrés et aimés en 1803 ou 1804, mais leur premier enfant, Charlotte, ne serait né qu'en 1808 ?

C'est étonnant quand on connaît la capacité et la rapidité du duc à avoir des enfants ; rappelons qu'en 1820, il a eu quatre enfants de quatre femmes différentes. Si l'existence des deux filles du duc de Berry ne fut pas cachée, c'est parce qu'elles ne pouvaient pas prétendre à la couronne. En aucun cas, elles n'auraient pu succéder à leur grand-père Charles X. Cela en aurait été tout autrement si le couple avait été marié et avait eu un fils. Or avant la naissance de ses filles, Amy Brown aurait accouché à Londres d'un garçon appelé George-Granville Brown.

Puisque le duc de Berry et Amy Brown s'étaient rencontrés à Londres en 1803 ou 1804 et que ce garçon est né en 1805, ne serait-il pas le fils du duc de Berry, héritier du trône de France ?

On pourrait croire l'existence de ce fils du duc de Berry et d'Amy Brown hypothétique, pourtant le 6 juillet 1882, *Le Figaro* publia cet étonnant article :

« M. Thomas (sic) Brown, fils du duc de Berry et de miss Amy Brown, vient de mourir à Mantes, où il s'était fixé depuis longues années. Il était, d'après M. Nauroy[218], qui s'est beaucoup occupé

---

218 Charles Nauroy (1846-1919), journaliste et historien spécialiste de l'histoire des Bourbons, auteur de deux ouvrages : *Les Secrets des Bourbons* (1882) et *Les Derniers Bourbons* (1883).

de cette union morganatique ou illégitime du fils de Charles X, président de la Société de Saint-Vincent-de-Paul. Les deux sœurs de M. Thomas Brown, reconnues et titrées comtesses de Vierzon et d'Issoudun, avaient épousé, l'une le comte de Faucigny-Lucinge, l'autre le baron de Charrette, père du vaillant général des zouaves pontificaux. Moins heureux que ses sœurs, M. Thomas Brown, qui était l'aîné des trois enfants du duc de Berry et de miss Brown, avait été tenu à l'écart, bien que largement pourvu du côté de la fortune : il devait être âgé d'environ soixante-dix-sept ans.»

Dans son édition du lendemain, le quotidien relate son enterrement :

« Une modeste draperie noire, sans chiffre, sans armoiries, sans ornements d'aucune sorte, était accrochée hier matin, un peu de travers, au-dessus de la porte extérieure d'une petite maison de la rue de la Perle, 7[219], à Mantes. De temps en temps, une personne franchissait le seuil de cette porte, traversait la cour arrangée en jardinet qui lui fait suite, et après avoir gravi les trois marches d'un petit perron, se trouvait dans un vestibule transformé en une espèce de chapelle ardente, au milieu de laquelle était exposé un cercueil recouvert de fleurs, et éclairé par les bougies de nombreux candélabres.

Ce cercueil était celui de Georges Granvil (sic) Brown, fils de S.A.R. le duc de Berry et de miss Amy Brown. Tout le monde aujourd'hui sait qu'avant d'épouser la princesse Caroline de Naples, le duc de Berry s'était marié secrètement en Angleterre avec une Anglaise d'une beauté remarquable, Miss Amy Brown. Le mariage a-t-il eu lieu réellement ? C'est probable. (...) Georges Granvil Brown avait toujours vécu un peu isolé. À son lit de mort, le duc de Berry fit appeler ses deux filles et les

---

219 Il s'agit en réalité du 7, rue Saint-Pierre, devenue par la suite rue de la République.

recommanda à la duchesse, mais il ne paraît pas s'être jamais officiellement occupé de son fils. Celui-ci, entré très jeune à l'École militaire de Saint-Cyr, en était sorti pour prendre du service en Sicile, puis il était revenu se fixer en France, à Mantes, où il n'avait plus guère fait parler de lui. Une seule fois, au lendemain de la révolution de 1848, il se mêla incidemment à la politique. Mantes venait de réorganiser sa garde nationale et Georges Brown accepta les fonctions d'instructeur de cette milice. Espérait-il que la chute du roi Louis-Philippe allait rouvrir à la Branche aînée les portes de la France ? En tout cas, même à ce moment, il ne paraît pas avoir eu la moindre ambition personnelle, et son rêve, s'il en caressait un, allait chercher à l'étranger le seul héritier reconnu légitime du trône de France[220]. (…) La maison qu'il habitait à Mantes se compose d'un rez-de-chaussée et d'un étage. Georges Brown vivait là tranquille n'ayant qu'un seul domestique, ne recevant que quelques amis, entre autres son médecin, et un pharmacien, M.L…

Quelque temps qu'il fît, il descendait tous les matins dans son jardin – un grand jardin situé derrière la maison – et il passait plusieurs heures à arroser, planter, couper, arracher. Il rentrait ensuite déjeuner, puis il occupait le reste de la journée à fabriquer de petits objets en bois tourné. C'était là son passe-temps favori. Un très petit nombre de parents et d'amis a accompagné, hier matin, le convoi de cet homme de bien. Un service très simple a été célébré, à dix heures et demie, dans la petite église de Mantes ; puis le corps du défunt, devenu volontairement un simple bourgeois paisible et bon, a été déposé dans un caveau provisoire du cimetière, en attendant qu'il soit transporté en Vendée, pour être inhumé à côté du corps de sa mère[221]. »

---

220 Le comte de Chambord, son demi-frère, prétendant officiel, vivant alors en exil en Autriche.

Son acte de décès confirme que Georges Granvill Brown était incontestablement le fils d'Amy Brown, puisque ce sont les enfants des filles du duc de Berry qui déclarent son décès et qu'ils indiquent que le défunt était leur oncle :

« Du quatre juillet mil huit cent quatre vingt-deux, à dix heures du matin. Acte de décès de Georges Granvill Brown, propriétaire, âgé de soixante-dix-sept ans, né à Londres (Angleterre), décédé à Mantes hier, trois juillet, à deux heures du soir en son domicile rue Saint-Pierre, n°7 ; fils de Georges Brown et d'Amy Brown, décédés et époux de Charlotte Louise Brown[222], domiciliée à Mantes. Le présent acte dressé par nous Joseph Hèvre, maire de la ville de Mantes, après vérification faite du décès, sur la déclaration et en présence de Messieurs René Louis de Faucigny Lucinge, propriétaire, âgé de quarante ans, demeurant à Turin (Italie) neveu du décédé et Urbain de Charrette, propriétaire, âgé de quarante-trois ans, demeurant à Couffé (Loire-Inférieure) aussi neveu du décédé, lesquels témoins ont signé avec nous Maire après lecture faite. » (État civil de Mantes-la-Jolie 1870-1882, cote 2082751)

Cet acte de décès paraît mettre fin au mystère : Georges Granvill Brown n'était pas le fils du duc de Berry, mais celui de

---

221 Dans le cimetière de Couffé, le défunt n'est pas mentionné sur le tombeau d'Amy Brown. On peut lire sur une plaque posée sur la pierre tombale cette inscription : « Ici reste Amy Brown, la veuve du duc de Berry, née à Maidstone, Angleterre, 1783-1876, avec sa fille Louise Marie Charlotte de Bourbon, comtesse de Vierzon 1809-1891 et son beau-fils, Athanase Charles Marin de Charrette de la Contrie, baron de Charrette 1796-1848 ».

222 Le mariage de Georges Granvill Brown avec Charlotte Louise Brown aurait été célébré à Londres, Saint Marylebone, le 12 juillet 1838. Sa veuve est morte à Mantes-la-Jolie le 23 janvier 1891, âgée de 76 ans, il est indiqué dans son acte de décès qu'elle est la fille de Joseph Brown et que « nom et prénom de la mère n'ont pu être connus ». Aucun enfant ne serait issu de cette union.

Georges Brown. Mais est-ce crédible ? Non. On note que les personnes qui se sont présentées à la mairie pour déclarer le décès et donc donner les renseignements d'état civil au maire, sont les neveux du défunt, dont l'un est domicilié à Turin. Alors qu'en 1876 le décès de leur grand-mère Amy Brown, avait été déclaré par un domestique et un instituteur, ils ont, cette fois-ci, tenu à se déplacer et à le déclarer eux-mêmes. Peut-être voulaient-ils à ce qu'il ne soit pas mentionné qu'il était né de père inconnu, ce qui aurait été considéré comme un indice de plus en faveur de la paternité du duc de Berry. Mais si on lui attribuait un père, comment justifier que durant toute sa vie, il a été appelé Brown, du nom de sa mère ? Eh bien, il n'y avait qu'à dire que son père s'appelait aussi Brown et le tour était joué. Quant au prénom du père, il n'y avait qu'à prendre celui du défunt...

Catholique, frère aîné du comte de Chambord, Georges Brown aurait donc pu prétendre au trône de France s'il avait pu prouver sa filiation paternelle et sa naissance légitime. Lorsque les Bourbons retournèrent en France en 1814, Georges Brown resta en Angleterre, tandis que sa mère et ses deux sœurs, on l'a vu, s'installèrent à Paris. Puis, il aurait vécu à Ouchy, près de Lausanne (Suisse), dans la famille Beauséjour. Il fut au service du roi de Naples et vint s'installer à Mantes vers 1843. Il aurait été naturalisé français en 1848[223].

Certains allèrent jusqu'à prétendre que c'est en raison de l'existence de ce demi-frère aîné que le duc de Chambord ne monta pas sur le trône sous le nom d'Henri V, en particulier au moment le plus favorable, en 1873, car son illégitimité l'empêchait de le faire. Cela aurait été un grave problème si, devenu roi de France, on aurait appris qu'il n'était pas issu d'un mariage légitime, condition nécessaire pour devenir roi de

---

223 *L'Éclair,* 24 août 1902, p.1.

France, en raison d'un mariage précédent, non dissous, de son père :

« Vous ne savez pas pourquoi le comte de Chambord n'a pas régné ; vous êtes tentés d'expliquer ses échecs soit par la faute des temps et des hommes, soit par la maladresse ou l'obstination vertueuse de celui qui fut Henri V. Vous n'y êtes pas. La *Providence*, qui l'a elle-même et directement empêché d'arriver au trône, avait des raisons. Henri V n'était pas l'héritier légitime des Bourbons. Son père, le duc de Berry, assassiné par Louvel, avant d'épouser une princesse de Naples, avait épousé à Londres, devant un prêtre catholique, Mlle Amy Brown, de laquelle il avait eu un fils mâle, Thomas (sic) Brown, mort à Mantes récemment, et deux filles. Or, ce mariage catholique que Louis XVIII a annulé, était catholiquement indissoluble. Le pape ne l'a pas cassé. Donc, en épousant une princesse de Naples du vivant de sa première femme, le duc de Berry s'est rendu coupable de bigamie. Son second mariage n'a été, aux yeux de l'Église et de Dieu, qu'un concubinat, et le fils qui en est résulté, le comte de Chambord, n'était qu'un bâtard aussi incapable d'hériter que de transmettre à qui que ce soit un héritage qu'il n'avait pas possédé. Comprenez-vous maintenant pourquoi il n'est pas monté sur le trône, malgré toutes les chances qui se sont offertes à lui durant un demi-siècle ? Pourquoi une main mystérieuse l'en a écarté toutes les fois qu'il semblait y toucher ? Dieu ne voulait pas permettre qu'un bâtard régnât sur la France.[224] »

Est-ce pour cette raison que le comte de Chambord a refusé de prendre le pouvoir en 1873, faisant de la couleur du drapeau un prétexte pour ne pas devenir roi de France ?

Ses partisans se sont toujours demandés pourquoi le comte de Chambord n'avait pas saisi l'occasion qui lui a été donnée en 1873 de prendre le pouvoir, alors qu'une majorité de députés

---
224 *Le Temps*, 4 juillet 1891, p.1. Article non signé.

royalistes, élus par les Français, lui était acquise et que le président de la République, Patrice de Mac Mahon, était un royaliste convaincu qui avait nommé le duc Albert de Broglie président du Conseil, en vue de restaurer la monarchie.

Dans ses Mémoires, Albert de Broglie (1821-1901), chef du gouvernement en 1873, écrit :

« ...le premier, le plus grand, le seul vrai coupable, le véritable auteur de la République, c'est M. le comte de Chambord. Par deux fois ce prince si étrangement aveugle tint la monarchie dans sa main, et ne voulut pas l'ouvrir. On ne lui demandait que la plus insignifiante, la plus inoffensive, mais en même temps la plus indispensable des concessions. Il aima mieux rendre la monarchie impossible.[225] »

En 1905, le vicomte de Reiset, journaliste et historien, publia un livre intitulé *Les enfants du duc de Berry : d'après de nouveaux documents* dans lequel il nia la possibilité d'un mariage entre le duc de Berry et Amy Brown. Son affirmation se basait essentiellement sur les deux testaments du duc de Berry, révélés par son petit-fils le duc de Parme, dans lesquels il mentionne ses *filles naturelles*.

Voici ce que ces testaments stipulent :

« En cas de mort subite, je déclare les deux filles dont les actes de baptême sont ci-joints, pour mes enfants naturelles ; je nomme pour leurs tuteurs le baron de Roll et le comte de la Ferronays.

Londres, le 9 mars 1810. Charles-Ferdinand. Duc de Berry, petit-fils de France. »

---

[225] Mémoires du duc de Broglie parus dans la *Revue des Deux Mondes*, tome 54, 1929, pp. 593-594.

« Au cas que je vinsse à mourir sans faire d'autres actes, ma volonté est que mes propriétés particulières principalement mes tableaux, soient vendues au profit de mes filles naturelles, Charlotte et Louise, filles de Mme Brown, et un cinquième de la somme au profit de Charles[226], mon fils naturel, par Virginie Oreille. Les 70.000 francs dans mon portefeuille seront partagé entre les deux mères de mes dits enfants.

Élysée, ce 5 septembre 1817. Charles-Ferdinand[227] »

La qualification par le duc de Berry de ses filles d'*enfants naturelles*, est-elle la preuve de l'absence de mariage avec Amy Brown ?

Non, car celui-ci a pu vouloir que ce mariage reste secret, car il fallait assurer la légitimité, tant aux yeux de la loi que de l'Église, de ses futurs enfants, en cas de mariage avec une princesse, mariage dont le but aurait été d'assurer la continuité dynastique et de donner un héritier au trône de France.

Le deuxième testament est troublant. Pourquoi léguer $1/5^{ème}$ de sa fortune à son fils naturel et 4/5 à ses deux filles ? Un père ne souhaite-t-il pas que ses enfants héritent à parts égales ? D'ailleurs, il respecte bien cette égalité en ce qui concerne les mères des enfants en ce qui concerne son portefeuille de 70.000 francs, chacune en hérite de la moitié. N'avait-il pas prévu $4/5^{èmes}$ au profit de ses filles pour que leur mère se charge discrètement de remettre $2/5^{èmes}$ de l'héritage à leurs deux fils aînés ? Ce qui donnerait une égalité parfaite entre les cinq enfants…

---

226 Charles Louis Auguste (1815-1858), fils d'une danseuse de l'opéra et du duc de Berry.

227 *Le Temps*, 25 avril 1905, p.4.

En 1902, le journaliste Léon Parsons s'intéressa à Georges Brown et rencontra l'abbé Meuley[228], aumônier des Invalides, qui l'avait bien connu, il lui posa cette question :

- Il vous a dit s'il était du sang des Bourbons ?

- Il m'a dit exactement qu'il était le frère aîné du comte de Chambord. Mais il n'avait pas de relations avec Henri V, parce que celui-ci aurait dû reconnaître, de par la loi naturelle, son droit supérieur au sien.

Et d'ajouter :

- Au point de vue naturel, M. Brown était bien l'héritier légitime. Et il le savait très bien. Seulement, il n'avait aucune ambition. Par raison d'État, on avait dit : « Cet enfant n'existe pas au point de vue dynastique », et il s'est résolu à n'exister que comme un bon bourgeois...

L'abbé Meuley précise que Georges Brown s'est marié deux fois, que de son premier mariage avec Mademoiselle Lebeau, du Conservatoire, sont issues deux filles, nées sous le nom de Grandville *(le second prénom de Georges Brown[229])*. L'une a

---

228 Achille Meuley, aumônier militaire en 1870, aumônier des Invalides, mort à Montgeron (Essonne) en février 1924.

229 En réalité, elles sont nées de père inconnu et portaient le nom de leur mère, ainsi que l'atteste l'acte de décès de Louise retrouvé dans les registre de la ville de Malakoff (Hauts-de-Seine) : « Le seize décembre mil neuf cent dix sept, à midi, est décédée, en son domicile, rue Danicourt 12. Louise Lebeau, sans profession, âgée de quatre-vingt sept ans, née à Naples (Italie) le six août mil huit cent trente. Fille de Julie Anastasie Lebeau, décédée. Veuve de Louis Raphaël Tertre... » L'aînée, Aimée Antoinette Lebeau était née le 21 mars 1827 et serait décédée en 1876.

épousé, M. Tertre, employé au Conservatoire, et l'autre, célibataire, tient une pension de jeunes filles à Puteaux.

Puis Léon Parsons termine son article en rappelant l'incroyable révélation faite par l'écrivain Gaston Deschamps dans le dernier numéro de *La Vie littéraire* : Georges Brown avait un frère aîné ![230]

John Freeman

Appelé John Freeman, ce frère aîné serait né le 25 décembre 1804 à Kensingston, un quartier de Londres (Angleterre). Élevé à Ouchy (Suisse), il entra dans la marine anglaise et participa aux campagnes des Indes. Il se maria en 1841 à Interlaken (Suisse) avec Sophie Juillete, baronne de Blonay (1823-1897), avec laquelle il eut six enfants, une fille et cinq garçons. Il mourut à Zurich (Suisse) le 26 août 1866.

Son fils William Loys Freeman (1845-1907) se maria en 1898 avec Marie-Januaria de Bourbon des Deux-Siciles (1870-1941). On peut s'étonner qu'un Freeman ait pu épouser un membre de la maison de Bourbon-Deux Siciles, ayant régné sur le royaume de Naples, de Sicile, puis des Deux-Siciles[231]. Ce mariage avec une Bourbon, descendante de Louis XIV par son petit-fils, Philippe V, ne trahit-il pas une ascendance royale pour William Freeman ? Sinon, comment expliquer que la prestigieuse famille de Bourbon-Deux-Siciles ait accepté qu'une de leurs filles épousât le roturier William Freeman ?

L'Événement relate brièvement ce mariage :

---

230 *Le Journal*, 1er septembre 1902, p.2.

231 Le royaume des Deux-Siciles est issu de l'unification en 1816 des royaumes de Naples et de Sicile.

« Le mariage de la princesse Marie de Bourbon, avec M. Freeman William, un riche Américain, a été célébré avant-hier, à Nice[232]. La princesse Marie est fille du prince Louis de Bourbon des Deux Siciles et de la princesse née Amélie de Hamel ; elle est petite-fille du comte d'Aquila, oncle de M. le comte de Caserte, frère et héritier des droits de feu le roi François II au trône de Naples.[233] »

Le 13 mars 1902, leur fils John William Louis François Freeman naît à Évian-les-Bains (Haute-Savoie) ; dans son acte de naissance, son père, 55 ans, domicilié au château du Marselay, déclare être rentier et sujet britannique, il n'est donc pas Américain comme l'avait indiqué par erreur *L'Événement*.

Le 14 avril 1926, John William Freeman épouse à Paris 16eme Cécile Néva Marie Béatrice de Galard de Brassac de Béarn, fille du prince de Béarn et de Chalais.

C'est en avril 1944 que le journaliste Marcel Espiau révèle au grand public l'existence of John William Freeman comme possible arrière-petit-fils du duc de Berry et prétendant au trône de France[234]. Mais cette révélation ne reçoit que peu d'écho dans la presse, les Français ayant à cette époque d'autres préoccupations.

Le 14 mars 1945, John William Freeman obtint du président du tribunal civil de Thonon une ordonnance rectifiant son acte de naissance :

---

232 Ce mariage n'apparaît pas dans le registre des mariages de Nice, année 1898, ni sur la table décennale couvrant la période 1893-1902.

233 *L'Événement,* 17 novembre 1898, p.3.

234 *Aujourd'hui,* 3 mai 1944, p.1.

« Ordonnons que l'acte dressé par l'officier de l'état civil d'Évian le treize mars mil neuf cent deux pour constater la naissance de John William Louis François sera rectifié en ce sens que l'enfant y sera désigné comme étant né de William Loys de Bourbon au lieu de William Loys Freeman. » Cette ordonnance s'applique également à ses trois enfants.

C'est donc une reconnaissance par la justice française de sa filiation royale ! De Bourbon au lieu de Freeman ! Mais le président du tribunal de Thonon n'avait pas la compétence judiciaire pour ordonner un changement de patronyme. Le procureur de la République contesta cette ordonnance auprès de la cour de Chambéry qui par décision en date du 3 décembre 1946 l'annula.

Toutefois, puisque l'erreur était purement formelle, John William Freeman s'adressa au tribunal de première instance de Thonon-les-bains, et non pas à son président, pour obtenir le droit de se faire appeler de Bourbon. Le 13 décembre 1946, le tribunal rendit son jugement : John William Freeman était le fils de William Loys de Bourbon et pouvait donc s'appeler de Bourbon !

En 1949, John William Freeman est arrêté et incarcéré pour escroquerie et abus de confiance, une riche rentière lui avait confié 1200 louis d'or pour lui acheter des bijoux dont il ne put lui être restitué que 700. L'avocat, qui l'avait aidé pour obtenir son changement de nom, déclare alors :

« J'ai de la peine à croire que le prince ait pu se rendre coupable d'une escroquerie. C'est un homme débonnaire, plutôt désarmé dans la vie moderne, comme aurait pu l'être Louis XVI, auquel il ressemble d'ailleurs d'une manière étonnante, physiquement et moralement. En effet, ce n'est point seulement par les femmes qu'il descend des Bourbons. Il est l'arrière-petit-fils du duc de Berry qui était, lui-même, le deuxième fils de Charles X.[235]»

Le 22 décembre 1949, le tribunal correctionnel de la Seine le relaxa.

Un appel fut interjeté contre la décision du tribunal de Thonon-les-Bains et le 1er juillet 1952, la Cour d'appel de Chambéry décida qu'il était fait défense au sieur John William Louis François Freeman de porter le nom *de Bourbon* et ordonna le rétablissement dans leur ancienne teneur de tous les actes de l'état civil rectifiés en exécution du jugement du tribunal de Thonon en date du 13 décembre 1946.

On peut tout de même se demander sur la base de quels documents le tribunal de Thonon-les-Bains a pu, en 1946, décider que les Freeman étaient en réalité des Bourbons.

John William Freeman décéda à Genève (Suisse) le 12 mars 1968.

---

235 *L'Aurore*, 11 mai 1949, p.4.

DE LOUIS XIV AU DUC DE BERRY :

Louis XIV, roi de France de 1643 à 1715

Né le 5 septembre 1638 à Saint-Germain-en-Laye

Marié le 9 juin 1660 à Saint-Jean-de-Luz avec Marie-Thérèse d'Autriche

Mort le 1er septembre 1715 à Versailles à l'âge de 76 ans

Louis de France, dit le Grand Dauphin

Né le 1er novembre 1661 à Fontainebleau

Marié le 7 mars 1680 à Châlons-sur-Marne avec Marie-Anne de Bavière

Mort le 14 avril 1711 à Meudon à l'âge de 49 ans

Louis de France, dit le Petit Dauphin

Né le 6 août 1682 à Versailles

Marié le 7 décembre 1697 à Versailles avec Marie-Adélaïde de Savoie

Mort le 18 février 1712 à Marly à l'âge de 29 ans

Louis XV, roi de France de 1715 à 1774

Né le 15 février 1710 à Versailles

Marié le 15 août 1725 à Strasbourg avec Marie Leszczynska

Mort le 10 mai 1774 à Versailles à l'âge de 64 ans

Louis de France

Né le 4 septembre 1729 à Versailles

Marié le 9 février 1747 à Versailles avec Marie-Josèphe de Saxe

Mort le 20 décembre 1765 à Fontainebleau à l'âge de 36 ans

Charles X, roi de France de 1824 à 1830

Né le 9 octobre 1757 à Versailles

Marié le 16 novembre 1773 à Versailles avec Marie-Thérèse de Savoie

Décédé le 6 novembre 1836 à Görz (Autriche) à l'âge de 79 ans

Charles-Ferdinand d'Artois, duc de Berry

Né le 24 janvier 1778 à Versailles

Marié le 17 juin 1816 à Paris avec Caroline des Deux-Siciles

Décédé le 14 février 1820 à Paris à l'âge de 42 ans

Vous pouvez contacter l'auteur de ce livre sur Twitter ou bien à l'adresse mail suivante : jeansaintloupauteur@gmail.com

Printed in France by Amazon
Brétigny-sur-Orge, FR

16829638R00117